Ateliers et coins couture

Organiser son espace dédié aux travaux d'aiguilles

Christelle Beneytout

EYROLLES

Révision : Philippe Rollet
Conception graphique et mise en pages : Nord Compo

Éditions Eyrolles
61, bd Saint-Germain
75240 Paris Cedex 05
www.editions-eyrolles.com

ISBN : 978-2-212-13505-3

Sommaire

Avant-propos

Avoir un coin rien qu'à soi pour s'installer et coudre, couper un tissu ou recopier un patron, sans être dérangé, ni déranger quiconque... Un souhait qui peut paraître inaccessible, car tous les logements ne permettent pas d'investir un espace, si petit soit-il, pour y installer ses affaires de couture à demeure. Difficile de s'organiser dans ces conditions : il faut trouver le moyen de ranger tout le matériel de couture d'une façon à la fois simple et efficace, afin de pouvoir se remettre à l'ouvrage sans perdre trop de temps...

C'est de cette expérience quotidienne qu'a germé l'idée de ce livre: au fil des naissances et des déménagements, j'ai inventé et ré-inventé mon coin couture, en trouvant à chaque fois de nouvelles astuces pour trouver une place à tout, avec bien souvent, moins d'espace de rangement qu'avant. J'ai donc expérimenté un certain nombre d'idées et d'automatismes sur le «comment aménager» et le «comment ranger» selon mes contraintes.

Un jour, j'ai eu ma pièce, minuscule mais rien que pour moi, puis enfin, mon atelier, grand et spacieux, suffisamment vaste pour que je le partage avec mes enfants. À chaque aménagement, je suis partie à la recherche de toutes les bonnes idées qui pouvaient m'être utiles. De l'envie de les partager est né cet ouvrage.

J'ai d'abord souhaité vous faire découvrir des intérieurs, des ambiances différentes qui pourront vous inspirer, puis de vous montrer les diverses façons d'aménager son espace de couture avant de parler rangement des tissus et fournitures.

Ce livre est destiné à tous ceux qui aiment coudre, quel que soit l'espace dont ils disposent. J'espère qu'il vous donnera envie de créer votre propre coin couture, à votre image.

Visite guidée

Différents univers couture

De la salle à manger à l'atelier quasi-professionnel, découvrez plusieurs façons de s'approprier l'espace. Les couturières qui nous ont ouvert leurs portes vous proposent leurs choix d'aménagement et leurs univers respectifs : astucieux, éclectique, studieux, pétillant, vintage… Comme France, exploitez au maximum votre séjour. Faites comme Alexandra et organisez votre coin couture autour d'un meuble particulièrement ingénieux. À la manière d'Alice et de Stéphanie, investissez un coin de chambre ou un palier de la maison. Et si le cœur vous en dit, réquisitionnez une pièce qui sera entièrement dédiée à vos projets, à l'instar de Susan et de Brooke. Piochez de-ci de-là les éléments d'aménagement et de décoration qui vous plaisent, laissez-vous porter par les ambiances…

Le séjour « couture » de France

L'appartement de France n'est pas assez spacieux pour qu'une pièce entière soit dédiée aux travaux d'aiguille : elle a donc aménagé son salon de façon qu'il puisse se transformer en atelier de couture le temps d'un après-midi. Habituellement, dans ce séjour, seul un mannequin de couture (assorti aux couleurs de la pièce) et une travailleuse témoignent du passe-temps de France.

Portrait

France aime coudre pour ses filles, ses amis et sa famille. Elle partage ses réalisations sur son blog : jailateteailleurs.blogspot.fr.

Une organisation du tonnerre !

Machines, tissus et mercerie sont rangés dans le séjour en attendant d'être utilisés. **Dissimulés dans les meubles**, ils se font oublier au quotidien car la pièce regorge de rangements, à l'instar des **deux grands tiroirs** sous la banquette.

La petite armoire vitrée abrite tissus, cônes de fil et boîtes de mercerie. Les livres de couture et les patrons ont trouvé leur place au-dessus des romans. Ainsi, tout reste à proximité dans le séjour, pour perdre le moins de temps possible et éviter les déplacements au moment de se mettre à l'ouvrage : pas de tissu stocké dans une autre pièce, de machine à coudre à rapporter du fond d'une chambre, etc. Seuls la table à repasser et son fer sont à aller chercher dans le couloir qui jouxte le séjour.

La travailleuse est sagement rangée à côté du bureau et se fait discrète. Un ordinateur permet de trouver rapidement une technique spécifique sur Internet.

Le mannequin de couture est là pour ajuster les créations, et le miroir pour voir le rendu du vêtement quand il est porté. Tous deux se fondent si bien dans le décor de la pièce que le visiteur peut fort bien ne pas les remarquer.

L'espace de la table optimisé

Quand France s'installe pour coudre, la table du séjour devient table de couture. Elle lui sert à recopier les patrons, à les reporter sur le tissu, puis à couper les différents morceaux.

Les machines sont ensuite sorties et installées sur la table – sur un angle pour laisser libre le plus d'espace possible. Pour passer de sa machine à coudre à la surjeteuse, il suffit à France de changer de chaise en contournant le coin de la table.

La mercerie à portée de main

La travailleuse quitte son emplacement habituel, près du bureau, pour se rapprocher de la table du séjour et de la machine à coudre : toute la mercerie de base est alors à portée de main. Les tissus sont à quelques mètres de là, dans l'armoire et les tiroirs de la banquette.

La table à repasser est ouverte et le fer branché, prêt à être utilisé.

En quelques minutes, la pièce de vie de l'appartement s'est transformée en atelier de couture !

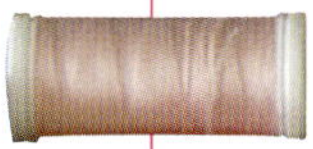

Une réalisation de France pour l' une de ses filles.

Ce type d'organisation permet de profiter du plaisir de coudre même quand les mètres carrés sont comptés. Tout le matériel de couture est mis en place très rapidement, ce qui compense le fait qu'il faudra tout ranger quelques heures plus tard, pour les repas.

Le meuble escamotable d'Alexandra

C'est dans un espace de 9 m² qu'Alexandra a installé son coin couture. À la fois bureau et chambre d'amis, cette pièce accueille le meuble de couture, les machines et les fournitures. Seuls les tissus ont dû être stockés ailleurs dans la maison, faute de place suffisante dans la pièce.

N'ayant que très peu d'espace à sa disposition, Alexandra a déployé une belle ingéniosité pour mettre au point un meuble de couture escamotable.

Portrait

Alexandra aime coudre et confectionner des vêtements, pour elle et pour ses filles. La couture lui permet de se ressourcer en marge de sa vie professionnelle, de s'évader du quotidien pour y revenir plus en forme que jamais. Elle partage ses projets sur son blog : http://venividiconfeci.canalblog.com.

brother

Meuble astucieux pour couturière futée

Adorable imperméable cousu par Alexandra pour l' une de ses filles.

Alexandra a donné une seconde vie à un **ancien meuble de télévision** en l'intégrant à son coin couture.

Au dos du meuble sont dissimulées (sous un cache en bois) deux tablettes, fixées avec des charnières. La première permet d'agrandir le dessus du meuble pour en faire **une table de découpe confortable** (120 x 90 cm) ; Alexandra y installe sa surjeteuse quand elle en a besoin. La seconde tablette se dégage sur le côté du meuble et devient, grâce à un pied escamotable, une table de couture.

L'ensemble est monté sur de **grosses roulettes**, astucieusement cachées derrière les pieds d'origine : elles facilitent le déplacement du meuble avant de l'ouvrir.

À l'intérieur, deux étagères sont montées **sur des rails** : il est ainsi plus facile de sortir la machine à coudre et la surjeteuse qui y sont rangées, cachées des regards par un petit rideau en cotonnade.

Trois petits tiroirs complètent l'ensemble et permettent de ranger les cônes de fil.

En partant d'un meuble qui n'avait rien à voir avec la couture, Alexandra a réussi à réaliser un petit coin fonctionnel, modulable et compact, dédié aux travaux d'aiguille.

La belle travailleuse

Côté rangements, Alexandra dispose d'une boîte à couture, posée sur le meuble de couture quand celui-ci est fermé. La travailleuse contient tout ce dont elle peut avoir besoin : feutres pour recopier les patrons sur le tissu, craies de tailleur, ciseaux et coupe-fils, aiguilles et pique-épingles, retourne-biais et appareil à biais, règle à ourlet, canettes, et quelques pieds de machine à coudre.

Un petit meuble à tiroirs en bois abrite les rubans, une boîte en plastique compartimenté les boutons et une boîte en plastique transparent les bobines de fil.

Un bureau et un mannequin à proximité

Un magnifique buste de couturière permet d'ajuster les vêtements et de les photographier.

Tout près, le bureau et l'ordinateur permettent à Alexandra de suivre des tutoriels sur Internet, de participer à des forums dédiés à la couture et de mettre des messages sur son blog.

Le petit coin couture d'Alexandra : un style épuré en parfaite adéquation avec le reste de la pièce, laquelle est également dédiée aux amis de passage.

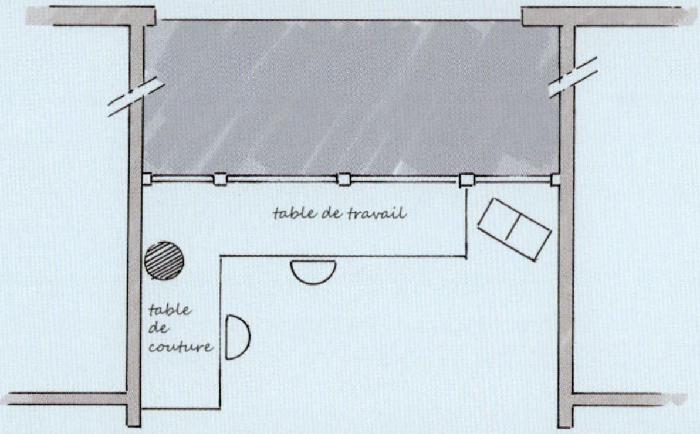
table de travail
table de couture

table de lecture
plan de travail

L'atelier-palier de Stéphanie

Reine du bricolage et de la débrouille, Stéphanie fait sans cesse de nouvelles trouvailles et partage, avec les lecteurs de son blog, ses astuces et ses créations – et surtout du plaisir.

La couture et le tricot font partie de ses loisirs favoris : c'est tout naturellement que dans son atelier machine à coudre et tissus ont trouvé place.

Portrait

Stéphanie, passionnée de travaux manuels et créatifs, anime un blog célèbre : http://stephaniebricole.com. Elle y partage ses idées et ses coups de cœur, et concocte de nombreux tutoriels pour ses lecteurs.

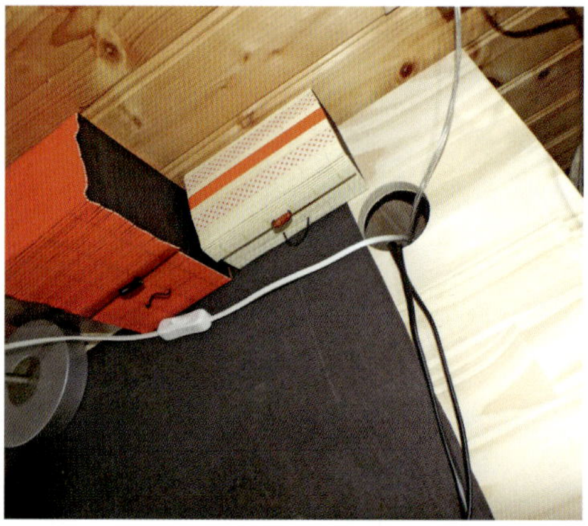

Un palier agencé avec ingéniosité

Installé sur le palier du premier étage de sa maison, l'atelier a été mûrement réfléchi par Stéphanie. Conçu sur mesure, dans des tons rouge, blanc et bois, l'ensemble est très chaleureux.

Cet espace d'environ 12 m² sert de transition entre l'escalier et deux couloirs qui distribuent les chambres. Cette localisation dans la maison est intéressante : elle permet d'avoir un endroit à soi tout en étant au cœur de maison et donc avec les autres membres de la famille.

Bien souvent, les paliers sont des espaces sous-exploités : ici, au contraire, cet espace généreux en mezzanine est devenu un lieu très agréable et intelligemment utilisé.

Un meuble réalisé sur mesure, installé côté mezzanine, regroupe deux postes : à gauche l'espace de couture, à droite un espace de découpe et de travail. Chacun possède son siège.

Côté couture, la table a été astucieusement **découpée à la scie cloche** pour permettre de passer les fils de la machine à coudre et de la lampe.

De l'autre côté de la pièce, un second espace réunit les fonctions de rangement, de travail et d'affichage. Le dessus de **deux grandes commodes en enfilade** est recouvert d'une toile cirée rouge à pois blancs qui reprend les couleurs du reste de la pièce. Stéphanie utilise ce plan de travail de mille façons : elle y déplie un tissu, s'en sert de table de découpe quand elle a besoin d'une table plus grande, elle y pose des projets en cours... **Une fenêtre de toit** apporte la lumière naturelle.

Une table de bar et un tabouret haut, à côté des commodes, constituent un coin lecture ou de travail très accueillant. Enfin, **le radiateur vertical** est exploité aussi comme panneau d'affichage : quelques aimants permettent d'y fixer les calques des patrons des projets en cours.

Des rangements multiples

Du côté de la mezzanine, le meuble construit sur mesure comporte de nombreuses cases dans lesquelles des caisses-tiroirs couvertes de tissu rouge sont insérées : très pratiques, elles permettent de stocker les fournitures à l'abri de la lumière et de la poussière. Leur contenu reste facilement accessible et de petites étiquettes plastifiées faites maison annoncent leur contenu : inutile de toutes les sortir pour trouver ce que l'on cherche !

À côté de la table, posé au sol, un porte-revues accueille les projets de tricot commencés.

Enfin, les deux commodes disposées côte à côte offrent leurs grands tiroirs pour stocker les tissus.

Des conserves en suspension

Au-dessus de la table, trois boîtes de conserve décorées sont suspendues à la table par des rubans et des crochets : elles contiennent ciseaux, cutters et aiguilles à tricoter.

Des boîtes aimantées et une travailleuse chic

Du côté de la table de découpe et de travail, des boîtes rondes aimantées (initialement prévues pour les épices) fixées sur une bande magnétique permettent de stocker les boutons. À l'autre extrémité de la table, une grande travailleuse blanche à pois rouges accueille les bobines de fil et la mercerie.

Des bocaux vissés

Les rubans sont quant à eux stockés dans des bocaux vissés dont seul le couvercle est fixé à l'étagère : une façon astucieuse et peu coûteuse de ranger les petites pièces de mercerie.

Un bel espace de travail, conçu en fonction des besoins de Stéphanie et harmonisé dans les matières et les couleurs qu'elle affectionne.

grande étagère
table de couture
petite étagère

L'alcôve d'Alice

Ne pouvant avoir une pièce rien que pour elle, où elle pourrait réaliser les gigantesques plaids qu'elle affectionne, Alice a opté pour un petit coin couture, mais où tout pourrait rester en place, sans avoir à tout ranger à chaque fois. Après avoir passé en revue toutes les pièces de la maison, elle a élu la chambre à coucher. Il a fallu pousser un peu les meubles déjà présents, car la pièce ne fait que 14 m²; qui plus est, elle est mansardée...

Portrait

Alice coud pour elle et pour sa fille; elle aime particulièrement le patchwork et sa couleur préférée est le violet.

Weighted Pincushion Organizer

Exploiter tout l'espace

Alice a su tirer profit du plafond mansardé en aménageant **des étagères** sur une partie de la hauteur : **les parties triangulaires** qui en résultent sont parfaites pour stocker des tissus. Sur les étagères alternent livres, boîtes de rangement en carton et piles de tissus. Ils sont rangés par genre plutôt que par couleur ou par motif : pour ses patchworks, cela permet à Alice de faire des associations auxquelles elle n'aurait jamais pensé.

Un bureau qui accueille la machine à coudre suffit à meubler ce petit espace.

À côté du bureau, **une patère** permet d'accrocher les projets en cours ou terminés. Sur **une échelle de bambou** sont disposées les pièces de tissu en attente d'être cousues : les barreaux, d'un large diamètre, ne marquent pas les tissus, et l'échelle permet d'avoir un bon aperçu des matières.

Un ancien miroir de famille a trouvé sa place ici : il est à la fois pratique (pour essayer et ajuster un vêtement qui vient d'être cousu) et esthétique (il agrandit l'espace).

Sur les étagères se succèdent **livres de couture** (le péché mignon d'Alice), **boîtes en carton** (pour ranger laines, mercerie, chutes de tissus) et **porte-revues** remplis de magazines. Les tissus Liberty qu'Alice affectionne particulièrement y sont rangés en pyramide, pour le plaisir de les voir avant de s'en servir.

Enfin, au-dessus de la machine à coudre, **un tableau de liège** mêle dessins d'enfant, projets et images inspiratrices.

Rideau!

Installé pour séparer l'espace nuit du coin couture, un rideau court tout le long du plafond mansardé. Il préserve les tissus du soleil quand Alice n'est pas dans son coin couture. Il permet aussi de jeter un voile pudique sur le désordre qui règne parfois sur le bureau! Enfin, Alice tire ce rideau séparateur avant d'aller dormir : la pièce adopte alors une tout autre ambiance, plus épurée, plus propice au sommeil.

Jamais ton panier n'oublieras

Un petit panier regroupe tous les outils nécessaires au marquage et à la découpe des tissus. N'ayant pas la place de le faire dans la chambre, Alice descend dans le séjour, avec son panier, pour dessiner les patrons et découper les tissus sur la table commune.

Les petits rangements

Alice apprécie beaucoup les petits aménagements pratiques : les tiroirs du bureau servent à ranger les bobines, les cônes de fil et le nécessaire à coudre. La niche du bureau, elle, accueille une caisse à vin en bois, transformée en tiroir où prennent place de petits coupons de tissu pour ses patchworks.

Deux autres caisses à vin constituent une étagère improvisée, sur laquelle Alice a glissé des boîtes de rangement qui abritent ses projets en cours.

Enfin, un pique-épingles confectionné maison est accroché juste à côté de la machine à coudre : multifonction, il accueille aussi de petits emplacements pour le découd-vite, le réglet, etc., ainsi qu'une petite poubelle très pratique.

Ce coin couture, astucieusement installé et bien caché, peut fort bien être décliné dans un séjour.

cuisine
table du séjour
séjour
table de couture
console de lecture
bureau
armoire à tissus

Le coin-dressing pétillant de Poppie

L'espace couture de Poppie est à son image : gai, féminin, enthousiaste. Poppie a toujours un projet en cours : créer est devenu vital, tout comme partager ses créations, ses découvertes sur son blog. Pour pouvoir coudre sans contrainte, elle a aménagé un angle de son séjour en coin couture : un bureau et des étagères sont le début de cet espace. La table commune, à portée de main, sert de table de découpe et de desserte.

Portrait

Poppie anime son blog : http://sweetandpoppie.over-blog.com et s'occupe de la boutique Créadici (www.creadici.fr), un portail autour du fait-main local animé par elle.

GRAND
01
02
03

MONNA LISA®
HISPALCO, S.A.

Rangements au cordeau !

De nombreux éléments de rangement sont installés sur les étagères et au mur : **l'espace vertical est exploité** au maximum.

Sur le bureau, **des cache-pots étiquetés** ont été détournés en pots à crayons, feutres et ciseaux.

Une petite **commode en bois à trois tiroirs** permet le stockage des toutes petites choses et évite leur éparpillement.

Un cadre devient porte-bobines grâce à quelques clous et un joli ruban vient suspendre le tout.

Des bonbonnières en verre assurent un stockage tout en transparence des perles et fleurs en tissus, tout comme **les petits pots** remplis de boutons, soigneusement alignés dans une jolie petite cagette récupérée. Poppie aime bien utiliser des éléments transparents, qui laissent voir leur contenu. Laines et carrés de cotons à patchwork sont eux aussi laissés à portée de vue dans **des grands bocaux transparents**.

Poppie privilégie le rangement de la mercerie dans de belles boîtes : étiquetées, elles décorent la pièce tout en servant d'objets de stockage. **Boîtes en métal** et **pots de confiture** permettent de ranger étiquettes faites maison, dentelles et cotons à broder.

L'astuce du paravent

Un paravent a été installé à côté du bureau : il sert à accrocher les fournitures, à poser les tissus en attente et permet de donner un peu d'intimité au coin couture, si besoin. Les rubans achetés au mètre sont ainsi accrochés au paravent, côté coin couture, au moyen d'un cintre.

Rubans bien ordonnés

Pour les rubans sur dévidoirs, Poppie a choisi deux façons de les arranger : certaines bobines sont tenues par une barre, elle-même fixée sur une étagère du dessus de bureau ; d'autres sont maintenues serrées, coincées les unes contre les autres, dans une cagette de petit bois, elle-même placée sur la première étagère du bureau. Ainsi tous les rubans sont facilement et rapidement accessibles, depuis le bureau.

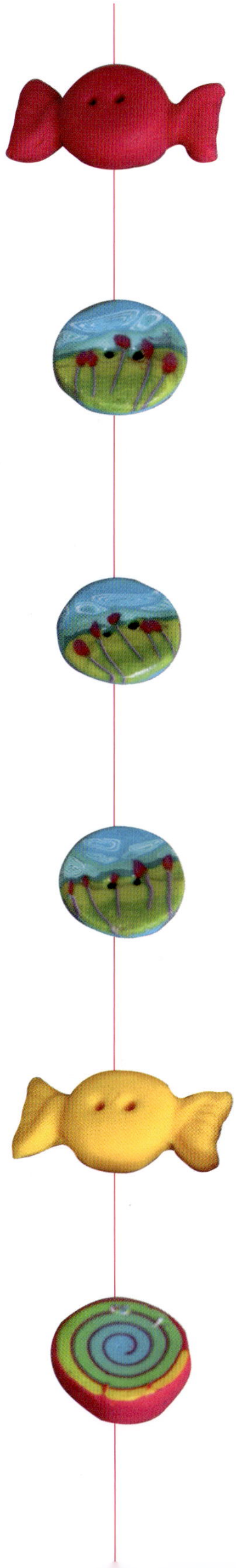

Des tiroirs garnis de mercerie et de boutons faits main

Les tiroirs du bureau regorgent de mercerie et l'un deux abritent des boutons et autres fermetures, triés et rangés dans de simples verres de cuisine.

Le plateau coulissant, normalement destiné à recevoir un clavier d'ordinateur, trouve ici une autre fonction : il devient un mini atelier pâte fimo où Poppie travaille dès qu'elle le souhaite. Quand elle doit arrêter la confection de ses boutons en fimo, elle n'a rien à ranger. Elle repousse le plateau, et tout reste prêt pour la prochaine fois.

Dans le dressing, il y a…

Pour le rangement des tissus, un pan de mur du bureau adjacent au séjour a été utilisé. **Un dressing** y est installé et va bientôt recevoir ses portes coulissantes pour protéger les tissus du soleil. Les tissus sont stockés uniquement dans ce dressing. C'est une façon de ne pas éparpiller les lieux de stockage : quoi de plus agaçant que de chercher un tissu dont on ne se souvient pas où on l'a rangé !

Dans ce dressing sont stockés aussi bien les tissus de Poppie que ceux de la boutique Créadici. Les étagères reçoivent **les coupons de tissu**. Les tissus sont regroupés selon leur nature : les cotons tissés ensemble, les tissus polaires et tissus peluches d'un côté, les velours milleraies d'un autre.

Sur un tiers du dressing, **des boîtes blanches en carton** ont été installées : dedans sont classées les chutes de tissu selon leur taille (petites, moyennes, grosses) mais aussi de la laine et des patrons.

Enfin, un troisième espace, lieu de partage et de transmission, a été aménagé. Poppie, maman de trois petites filles, souhaite les initier : en laissant à disposition des livres de couture et de loisirs créatifs, elle leur fait partager sa passion au rythme de chacune. **Une longue console** permet aux enfants de lire et dessiner à proximité de leur maman. Trois étagères peu profondes ont été installées sur le mur : elles permettent de présenter les livres, couvertures vers l'avant, une façon de rendre aux petites filles les contenus des livres plus accessibles.

Dans ce style gai et coloré qui lui correspond si bien, concevoir les aménagements de son espace de couture a rendu les choses plus officielles : aujourd'hui Poppie, couturière autodidacte, crée, avec encore plus d'envie, accessoires et vêtements, pour ses amis, ses filles et mais aussi depuis peu, pour elle-même.

rangements
bureau
rangements
table de couture
table de découpe
rangements
rangements

Une salle de loisirs partagée chez Christelle

Avec mes enfants, nous partageons une pièce de 18 m² : j'ai installé mon atelier de couture le long des murs et le centre de la pièce leur est réservé. Très lumineuse et ouverte sur le jardin, cette salle est à la fois mon coin couture et la salle de jeux de la maison. Cette proximité profite à tous : je passe du temps avec les enfants, ces derniers jouent à côté pendant que je couds. Avant, je m'installais dans le salon et ils descendaient leurs jouets de leur chambre, alors autant aménager la pièce en conséquence. J'ai juste dû faire de la place à leurs jouets parmi mes tissus.

Portrait

Passionnée de tissus, de fils et bien entendu de couture, Christelle écrit des livres sur le sujet aux éditions Eyrolles et anime son blog : christelleben.blogspot.fr, où elle partage ses dernières créations avec ses lecteurs.

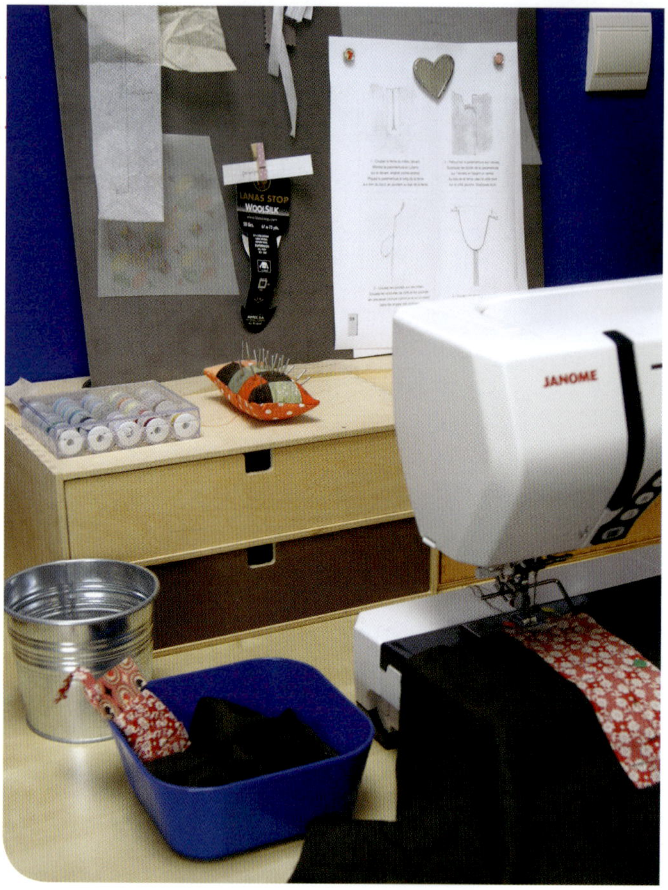
LANAS STOP
WOOLSILK
JANOME

Des espaces bien identifiés

La pièce se divise en plusieurs espaces : **une longue table de couture**, et sur le mur adjacent **une table de découpe** encadrée de rangements ; sur le mur suivant, **un bureau informatique** et **une grande étagère**. Tous les espaces regorgent de rangements.

Machine à coudre et **surjeteuses** sont installées les unes à côté des autres : sur la table comme en dessous, **des rangements en bois** permettent de stocker les fils, les aiguilles et toute la petite mercerie. J'ai un faible pour les petits rangements à tiroirs en bois, que je collectionne, tout comme les caisses de bois qui, installées sur le plan de travail, deviennent des étagères.

Sous la table, **des boîtes en plastique transparent** accueillent élastiques, étiquettes, etc.

Une plaque d'acier sert de pupitre, ce qui me permet d'avoir les explications sous les yeux pendant que je travaille. Une petite corbeille bleue rassemble les fournitures nécessaires au projet en cours ainsi que les chutes du tissu pour les essais de points : je la prépare au début du projet pour être sûre d'avoir toutes les fournitures nécessaires avant de commencer.

Une bande magnétique permet de toujours savoir où sont mes pinces brucelles, mon réglet et mes ciseaux à broder hérités de ma grand-mère.

Enfin, sur un des tréteaux **une panière** déborde : ce sont les projets en cours, interrompus pour diverses raisons. Tous les six mois, le challenge consiste à vider cette panière.

La table de découpe

J'ai souvent travaillé à même le sol pour copier les patrons et les recopier sur les tissus, alors quand j'ai pu avoir une table de découpe à ma hauteur, je n'ai pas hésité une seconde! Deux colonnes de rangements servent de pieds à la table, sur laquelle j'ai collé du *masking tape* qui imite un ruban de couturière : c'est très pratique pour mesurer! Pour maintenir le patron sur le tissu, j'utilise des galets ou bien de lourdes rondelles d'acier achetées en magasin de bricolage.

Entre les pieds de la table, des corbeilles en fil d'acier montées sur roulettes me permettent de trier les chutes de tissu, directement après la découpe. J'y place aussi les tissus des futurs projets. Et debout, coincés entre les corbeilles et les tiroirs en bois, sont glissés mes tapis de découpe et ma mini planche à repasser, faite maison.

Au mur, un tableau perforé, qui sert normalement à ranger des outils de bricolage, accueille tout mon matériel de découpe.

De part et d'autre de la table sont installés des rangements pour stocker les tissus.

Petits et grands cache-pots

J'aime l'aspect « zinc » de l'acier galvanisé. Comme il est aimanté, on peut y « coller » un tas de choses : mètre ruban, élément « géomag » utilisé en guise de guide de marge de couture, pinces à linge magnétiques... En fonction de leur taille, les cache-pots accueillent rouleaux de calque ou de papier à patrons, règles, rouleaux de toile cirée et autres tissus enduits. Enfin, chaque table de l'atelier a un petit pot zingué en guise de poubelle : c'est à la fois joli et pratique.

Dévidoir à rubans maison

Quelques baguettes de bois, des boutons de porte et un petit vide-poches en plastique transparent ont permis de créer un dévidoir pour rubans, habituellement conservé dans le placard, à l'abri de la poussière et de la lumière.

L'étagère à tissus et à jouets

À côté du bureau, une grande étagère aux cases carrées est remplie de tissus et de jeux. Pour les gros coupons de tissu ou les étoffes volumineuses, j'ai opté pour des tiroirs en plastique ou en intissé. Pour les coupons plus petits, j'ai installé deux boîtes étiquetées (en carton ou en plastique) par case ; quand il reste de l'espace sur le côté, j'y glisse un classeur gorgé de patrons.

Mes tissus sont classés par genre puis par type d'imprimé : jerseys unis, jerseys « imprimés enfant », jerseys à rayures, jerseys à pois, etc.

Les cases les plus basses sont réservées aux enfants : ils y rangent petites voitures, train en bois, poupées mannequins et dînettes. La dernière étagère leur est réservée, pour les jeux, les puzzles et les livres.

Le coin bureau

Un ordinateur est désormais indispensable dans un atelier! On gagne beaucoup de temps en l'ayant à proximité de la machine à coudre : inutile désormais d'imprimer les tutoriels que l'on veut réaliser, par exemple. Pour rédiger les messages de mon blog, j'ai gagné en efficacité puisque je fais les photos juste à côté du bureau.

Le coin photo

J'avais pensé y mettre des étagères mais j'ai préféré le laisser tout blanc : devant, il y a mon mannequin de couture d'un autre âge, que les enfants ont baptisé Marguerite. C'est là que je réalise les photos des vêtements que je confectionne pour les présenter sur mon blog!

Je n'ai jamais été aussi créative que depuis que tout mon matériel est installé, parfaitement accessible, dans un seul et même lieu!

placard
table à repasser
bureau
table de dessin
table de travail
table de couture

L'atelier esprit vintage de Susan

Susan s'est aménagé un atelier à côté de sa maison, un lieu rien que pour elle à quelques pas de l'habitation familiale. On n'y verra ni meuble neuf, ni accessoire acheté tout fait : tout est chiné et recyclé, et trouve ici un nouvel usage et une nouvelle vie.

Portrait

Autrefois graphiste, Susan se passionne désormais pour les objets anciens, auxquels elle donne une nouvelle vie et de nouveaux propriétaires.

Passionnée de brocante, elle adore dénicher meubles, vaisselle et bibelots, et leur inventer une nouvelle utilité. Sa devise : « Plus c'est vintage, mieux c'est ! »

C'est au sein de ce cocon qu'elle anime son site et son blog : http://www.tpartyantiques.com/ et http://tparty.typepad.com/the_tcozy. Elle aime coudre des accessoires déco pour la maison et remettre en état les trésors chinés dans les brocantes.

Spacieux, lumineux, chaleureux !

L'atelier fait plus de 22 m^2 ; il communique avec la maison tout en bénéficiant d'une entrée distincte. Il se compose de **deux pièces ouvertes l'une sur l'autre**, qui donnent une impression d'espace sans pareille.

La première pièce accueille des meubles qui servent à ranger les fournitures, ainsi qu'une table de travail en inox. Cette dernière est munie d'une étagère inférieure sur laquelle sont disposés des paniers pleins de bric-à-brac : pour les cacher, Susan a confectionné un rideau dans un tissu datant des années 1940. À côté se dresse un meuble de rangement hétéroclite, fabriqué à partir de **matériaux essentiellement recyclés** (bois récupérés, anciennes plaques d'étain).

La seconde pièce est réservée à la création : c'est là que Susan dessine, coud, etc. Elle est organisée en **trois espaces distincts** : le bureau avec l'ordinateur, la table de dessin et la table de couture. Grâce à ses nombreuses fenêtres, qui font tout son charme, cette pièce est très lumineuse.

Le coin bureau permet à Susan de partager ses coups de cœur via son site et son blog.

L'espace de dessin est meublé d'une **table ancienne** et d'un **tabouret vintage** ; une commode basse en chêne, munie de tiroirs de différentes hauteurs, permet de ranger tout le matériel de dessin et les patrons. **Un caddie** à fleurs des années 1940 permet de stocker verticalement les rouleaux de papier.

Le coin couture se compose très simplement d'une élégante table couleur crème qui adopte une forme chantournée très originale, d'une chaise et de deux petites étagères.

Pour se sentir créative et inspirée, Susan a besoin que son atelier soit aussi organisé que possible.

Des rangements chinés...

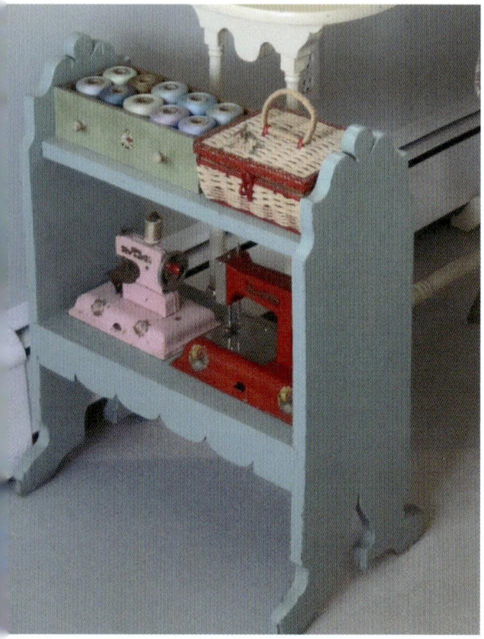

Pour Susan, il n'y a jamais assez de rangements, mais elle s'éloigne toujours des solutions standard quand il s'agit de meubler et d'organiser son atelier.

La table de couture s'entoure de tout un tas d'objets détournés de leur fonction initiale.

Sur le rebord de la fenêtre, au-dessus de la machine à coudre, des bocaux anciens remplis de boutons colorés sont alignés. Une étagère bleue ancienne, posée au sol à côté de la table de couture, accueille deux petites machines à coudre anciennes en tôle. Des bols en céramique regroupent des bobines de fil anciennes. Le pique-épingles a pris place dans une écuelle bleue.

...et insolites

Susan aime s'entourer d'objets farfelus et colorés : jardinières, cache-pot et bols anciens, boîtes en carton où elle stocke la mercerie...

À côté de la table à dessin, un petit meuble à tiroirs transparents est idéal pour ranger les boutons.

Dans la première partie de l'atelier est installée une table à repasser vintage en bois. À gauche, une haute étagère blanche supporte des paniers à pique-nique anciens, que Susan collectionne : elle y stocke la mercerie (galons, rubans, dentelles) et son matériel de loisirs créatifs. La porte blanche ouvre sur un placard.

Susan adore coudre pour sa maison toutes sortes d'accessoires, comme des couvre-théières et des coussins, mais aussi remettre en état des vêtements et leur donner un nouvel usage, comme elle le fait pour les meubles et objets qu'elle chine.

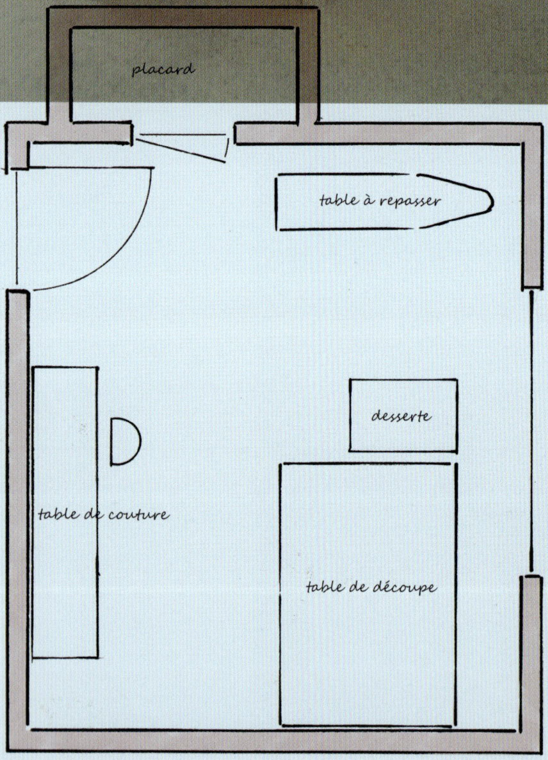
placard
table à repasser
desserte
table de couture
table de découpe

Le studio création de Brooke

Brooke aime sortir des sentiers battus, et son atelier de couture lui ressemble. Il occupe une pièce entière dont elle a su tirer parti avec un grand sens de l'esthétique.

Portrait

Brooke est une jeune femme très créative qui adore, depuis qu'elle est toute petite, coudre et réaliser des vêtements. Autodidacte, elle a appris au fil des années (c'est le cas de le dire !) différentes techniques de couture. Elle tient un blog (http://customstyle.wordpress.com/) sur lequel elle partage ces dernières créations.

Savoir voir grand

Cette pièce d'une dizaine de mètres carrés regroupe tout ce dont Brooke a besoin pour ses travaux de couture.

Brooke a aménagé l'espace de couture face au mur. **Une longue console** accueille machine à coudre et surjeteuse. Cette table est peu profonde mais permet de coudre confortablement. Le long de la console, **un mètre de couturière** a été scotché devant la machine à coudre. Une seule chaise, mais sur roulettes, dessert les deux postes de travail. Au-dessus, **deux grands porte-bobines** mettent à disposition tous les fils. De petites étagères surplombent la table de couture : les boîtes transparentes qui y sont posées renferment les fournitures.

Brooke a voulue une table de découpe vaste et fonctionnelle. Mesurant 1,65 m sur 1,10 m, elle résulte de **l'assemblage de douze petites tables basses** que Brooke a trouvées… « dans un magasin d'ameublement très connu à travers le monde » ! La planche de découpe d'un seul tenant uniformise le dessus.

Cet aménagement crée de nombreux rangements sous la table de découpe : des rouleaux de tissu et d'entoilage y sont stockés au-dessus de boîtes en plastique pleines de tissus.

Sur l'un des petits côtés de la table de découpe, **une petite étagère à rebord** a été fixée : elle forme une sorte de goulotte qui contient le matériel de marquage – crayons, règles, etc.

Une desserte à roulettes a été placée au bout de la table de découpe : sur le dessus, Brooke met ses pots de crayons (ainsi, ils n'encombrent pas la table), et en dessous elle range des tissus.

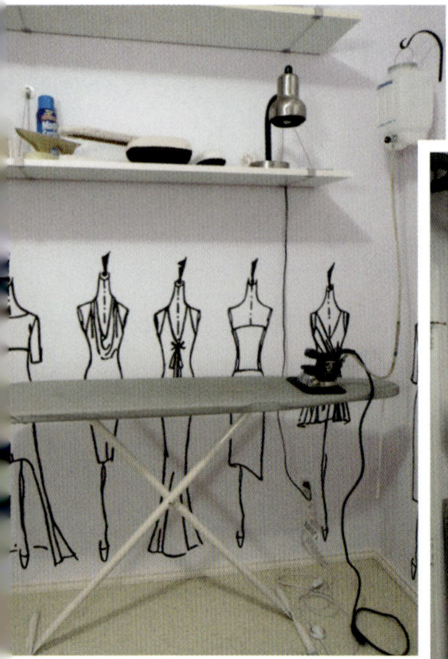

Le coin repassage

Tout le matériel nécessaire au repassage – table à repasser, centrale vapeur (dont le réservoir est fixé au mur), eau déminéralisée, spray d'amidon, jeannette, presse et pattemouille – est concentré dans ce coin de la pièce.

Entre la table à repasser et le porte-cônes, une patère fixée à la porte du placard permet de suspendre les réalisations finies... ou presque !

Le porte-cônes occupe l'espace restant entre la porte et la cloison.

Un placard super aménagé

Un espace a été prévu pour ranger de nombreux tissus : le placard d'origine a été aménagé avec un système de corbeilles coulissantes, très fonctionnelles, qui permet de plus de bien voir les tissus.

À l'intérieur, de part et d'autre de la porte du placard, sont disposées des colonnes de corbeilles en fil d'acier : une façon efficace de ranger les étoffes.

Sur l'étagère du haut, les patrons sont glissés dans des pochettes rangées dans des boîtes en plastique transparentes.

Un rangement à tiroirs regroupe d'autres patrons : le devant du tiroir étant transparent, on identifie au premier coup d'œil la marque ou le style du patron qui est stocké.

Brooke utilise d'autres boîtes transparentes pour ranger la mercerie et les petits coupons de tissu : elle n'empile jamais plus de deux boîtes sur les étagères, pour qu'elles restent faciles à attraper.

Brooke utilise des range-documents transparents pour entreposer ses tissus verticalement.

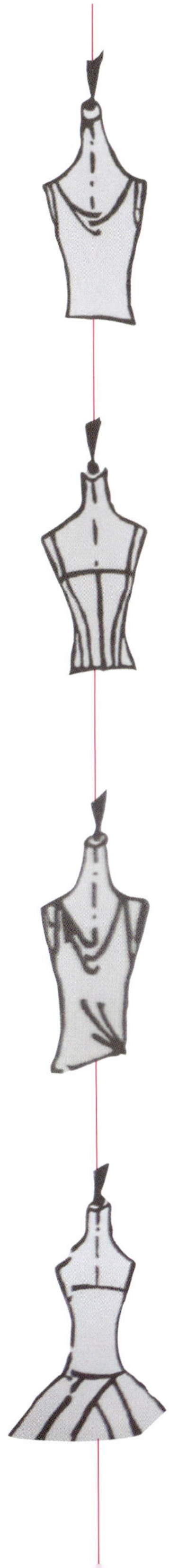

Décoration « design »

L'ensemble de la pièce a été décoré par Brooke : sur les murs lilas, elle a inscrit une citation de la styliste américaine Vera Wang, et dessiné différentes tenues stylisées posées sur des mannequins de couturière. Le résultat est très féminin et très chic.

En résumé, un atelier à l'ambiance très marquée, qui n'en demeure pas moins très bien équipé et agencé.

Les fonctionnalités de l'espace couture

Quelle que soit sa taille, un coin couture bien pensé est un espace qui offre plusieurs fonctionnalités. Toutes les pièces d'une maison ou d'un appartement peuvent accueillir un coin couture ; choisissez un endroit à la fois agréable et riche en possibilités d'aménagement.

Les besoins et les contraintes sont très variés : une personne qui confectionne des vêtements n'a pas les mêmes impératifs qu'une autre qui fait principalement du patchwork...

Voici différentes possibilités que vous pourrez développer dans votre coin couture, en fonction de l'espace dont vous disposez et du matériel que vous possédez.

Le poste couture du coin couture

C'est l'endroit où vous vous installerez pour coudre. Un meuble accueillera votre machine à coudre et vos autres machines de couture éventuelles (surjeteuse, brodeuse, recouvreuse, machine à quilter, machine à feutrer...).

Questions d'ergonomie

Voici quelques données chiffrées qui vous aideront à agencer judicieusement votre espace couture.

Choisissez une table de 40 à 60 cm de large. Si votre table est plus profonde, adossez-la à un mur et utilisez l'espace « en trop » pour y installer des rangements.

Pour que vous puissiez coudre de façon confortable, votre table doit être adaptée à votre morphologie. Sa hauteur est déterminée par votre stature. Pour connaître la hauteur idéale de la table d'un point de vue ergonomique, asseyez-vous sur votre fauteuil (vos jambes doivent former un angle de 70 à 90° entre vos cuisses et vos mollets), posez vos avant-bras de façon qu'ils forment un angle droit avec vos bras. Demandez alors à un tiers de mesurer la distance entre votre coude et le sol. Retranchez plus ou moins 5 cm à cette mesure pour obtenir la hauteur à laquelle il convient d'installer votre espace couture.

Hauteur du poste de couture

Pour la plupart des gens, la bonne hauteur pour installer un espace de couture est comprise entre 70 et 90 cm.

Une chaise ou un tabouret confortables complètent l'installation. Choisissez un siège ergonomique, et si possible réglable en hauteur : vos cuisses doivent être à peu près à l'horizontale. Une assise peu profonde et un dossier de petites dimensions sont les caractéristiques essentielles d'un bon siège de travail. Une chaise pivotante est un plus : elle permet d'accéder aux outils et fournitures en minimisant les efforts.

Posture idéale pour l' utilisation de la machine à coudre.

Le siège parfait : réglable en hauteur et pivotant, il est muni d' un petit dossier et de roulettes.

Les chaises de bureau sur roulettes sont un véritable atout quand la configuration de l'atelier contraint à séparer les différents postes et les différentes machines.

Pensez à vos jambes et à vos genoux : les glisser sous la table de couture doit être facile et confortable.

Pour que la fatigue ne se fasse pas trop vite sentir, n'oubliez pas de changer régulièrement d'activité et de posture : découpez et assemblez les pièces de tissu, puis asseyez-vous pour les coudre, et relevez-vous pour continuer l'assemblage, etc. Vous limiterez ainsi la fatigue liée aux mauvaises positions.

La lumière et l'installation électrique

La lumière et l'installation électrique sont essentielles dans l'agencement d'un atelier. Fenêtre, baie vitrée ou fenêtre de toit : il est très important que le coin couture soit bien éclairé.

Si vous ne pouvez vous installer suffisamment près d'une source de lumière naturelle, misez sur un éclairage ponctuel et fonctionnel de qualité, qui viendra compléter la lampe de votre machine à coudre et vous permettra de travailler sur un patron quand le temps est maussade.

Pour assurer l'éclairage, ponctuel ou général, de votre coin couture, vous pouvez opter pour des lampes puissantes et munies d'ampoules « lumière du jour », qui évitent la fatigue oculaire.

Veillez à avoir près de vous au minimum deux prises électriques : une pour la machine à coudre, l'autre pour une lampe. Si vous avez d'autres machines, répartissez-les dans la pièce en fonction des prises existantes ; à défaut, utilisez une rallonge à prises multiples.

Deux éclairages ponctuels ont été installés de part et d'autre de la machine à coudre : ils permettent de travailler confortablement le soir venu.

Pour passer le cordon d'alimentation et le câble de pédale, pensez aux plateaux de bureau avec œillet (destinés à l'origine aux câbles d'alimentation informatique) ou percez un trou dans votre table avec une scie cloche : vous gagnerez en surface de travail, une fois que les fils auront disparu sous le bureau.

Lampes et ampoules « lumière du jour »

À la lumière naturelle, les couleurs nous apparaissent « justes ». Certaines lampes et ampoules diffusent un éclairage qui se rapproche de la lumière blanche du soleil. Ces ampoules dites « lumière du jour » respectent les couleurs, permettent de mieux discerner les motifs et les détails; les yeux sont moins fatigués, moins éblouis. Si vous travaillez souvent en soirée, ces lampes seront un réel atout.
Les ampoules lumière du jour que l'on trouve dans les magasins de bricolage sont une alternative tout à fait correcte et moins onéreuse aux lampes Daylight ™.

L'agencement de l'espace

Autour de la machine à coudre, l'espace doit être au minimum de 60 cm, pour que l'on soit à l'aise pendant le travail. Essayez aussi de laisser au moins 60 cm entre vos différentes machines.

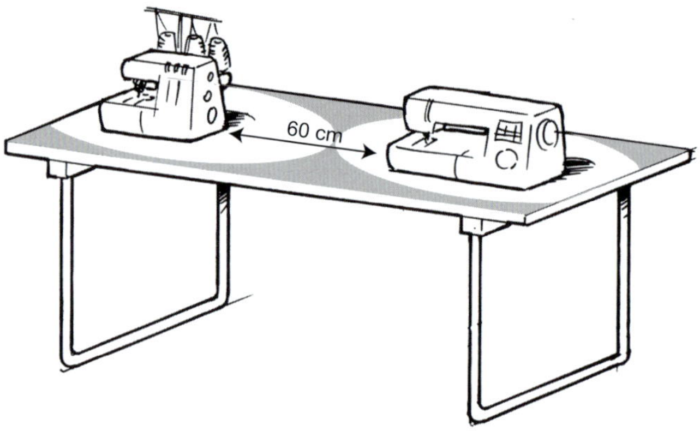

Surjeteuse (à gauche) et machine à coudre (à droite) sont installées sur une zone de travail d'une soixantaine de centimètres de long ; c'est aussi la distance conservée entre elles.

Vous pouvez aussi installer les machines dos à dos en les centrant sur la table.

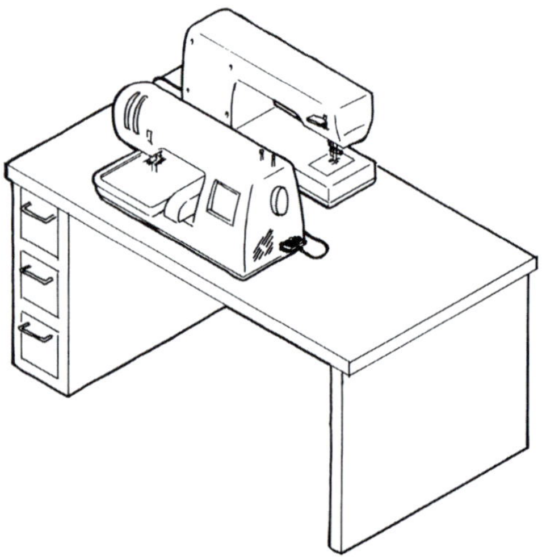

Il est important d'installer ses machines de manière à obtenir un espace de travail confortable.

Dans l'exemple ci-dessus, les machines ont été décalées. La machine à coudre (derrière) et la machine à broder (devant) sont décentrées sur la table de travail, de façon à donner le plus d'espace possible à la machine à coudre, plus souvent utilisée que la machine à broder.

Essayez d'installer l'espace couture à côté des autres fonctions que nous allons détailler plus loin : vous économiserez du temps et de l'énergie si vous n'avez qu'un pas ou deux à faire pour passer de la machine à coudre à la table à repasser, puis à la surjeteuse.

Voici quelques agencements standard.

L'agencement tout en longueur

Il s'étale le plus souvent le long d'un mur.

Ce type d'agencement – que l'on peut installer par exemple dans un couloir trop large – permet de positionner les machines et les postes de travail les uns à côté des autres.

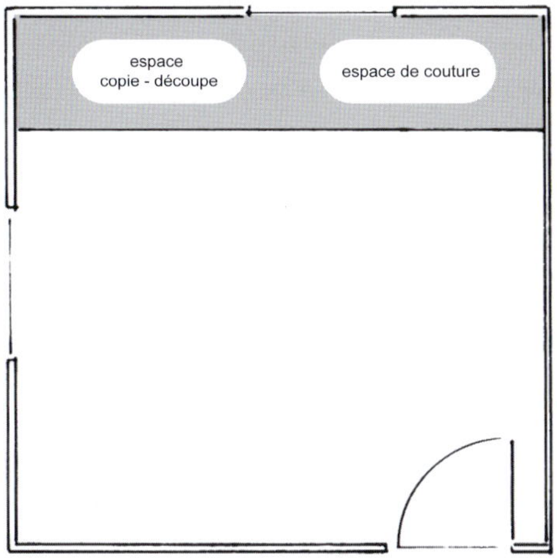

Côte à côte sont disposées la machine à coudre et la table de copie et de découpe.

Aménagement d' un coin couture réalisé dans un dressing, très discret une fois les portes refermées...

L'agencement en L

Dans un angle de la pièce, il permet d'installer sa machine à coudre à proximité d'un espace consacré à la copie, à la coupe et à l'assemblage.

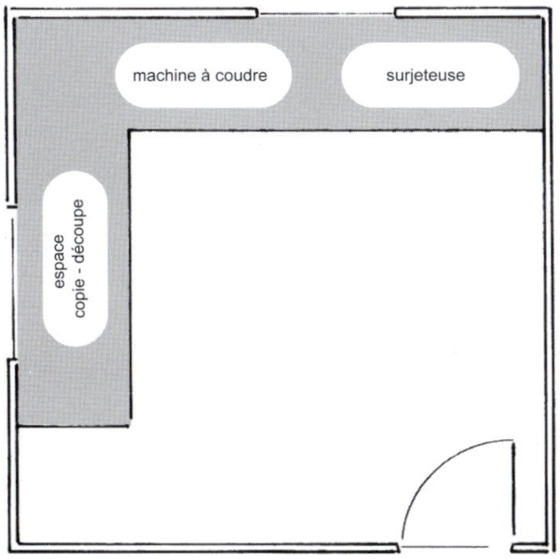

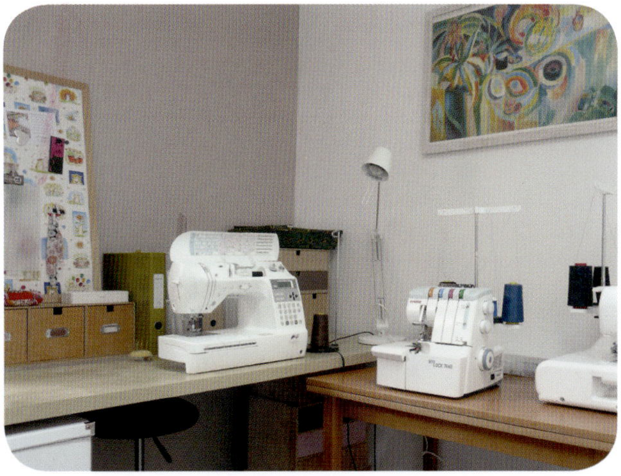

Cet agencement est intéressant aussi pour installer deux machines dans la même zone : on peut ainsi passer de l'une de l'autre vite et facilement, ce qui rend le travail plus efficace.

Son inconvénient : il crée un angle mort. Mais il y a plusieurs façons d'exploiter cet espace : on peut y installer une poubelle, un système d'étagères ouvertes ou bien un placard réservé aux grosses pièces (les molletons pour les patchworks...), ou encore un rangement pivotant d'angle (comme ceux des meubles d'angle de cuisine) pour stocker les petites boîtes...

Cet agencement peut trouver sa place dans le fond d'un couloir, dans une buanderie, mais aussi dans n'importe quelle pièce de la maison.

L'agencement en U

Inspiré des cuisines aménagées, il offre une très grande surface de travail. Il est volontiers adopté par les couturières qui possèdent plusieurs machines : celles-ci peuvent ainsi être installées les unes à côté des autres.

Ce type d'agencement convient mieux aux grandes pièces que l'on partage (séjour, salon) et aux espaces entièrement dévolus à la couture.

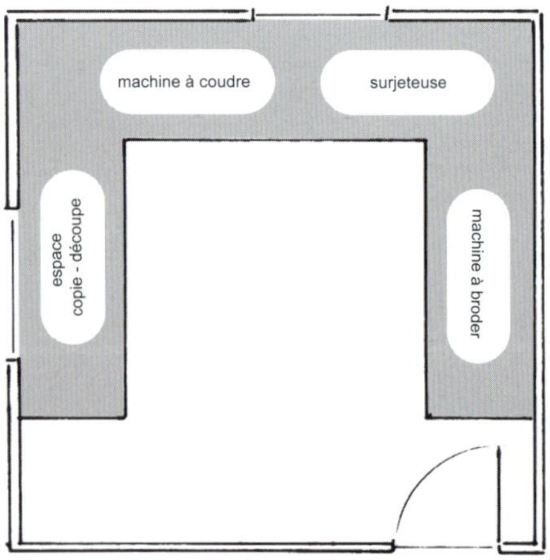

L'atelier et les rangements s'organisent le long des murs... Seul espace libre, la baie vitrée !

L'agencement en îlot

C'est une possibilité qui peut se révéler très intéressante. La table doit être suffisamment large pour accueillir deux machines, ou une machine à coudre et un espace de travail (soit 1 m à 1,20 m de large).

Ce type d'agencement convient aux espaces dans lesquels aucun meuble ne peut être placé contre les murs : par exemple quand la pièce est bordée de baies vitrées. Les spécialistes des projets volumineux, comme les quilts, privilégient souvent les tables de couture en îlot car elles procurent un vaste espace de travail.

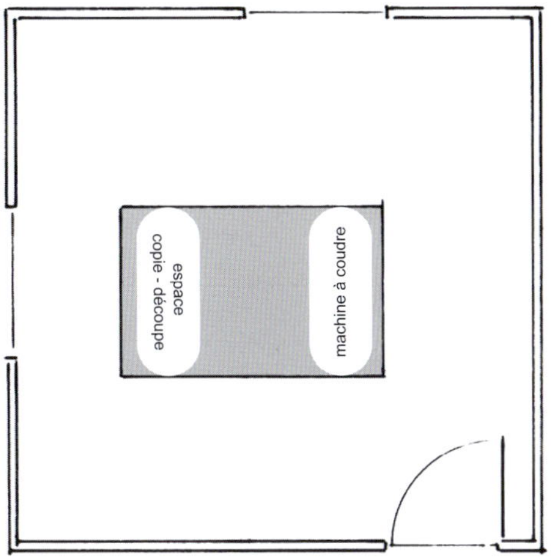

Un grand espace de couture et de travail en îlot.

En conclusion

Ces différents agencements peuvent être combinés pour obtenir un ensemble parfaitement adapté à la configuration de l'espace existant et du type de travail envisagé. Inspirez-vous des agencements de cuisines et de salles de bains pour trouver la configuration la mieux adaptée à votre espace. Pensez à utiliser les logiciels des cuisinistes pour planifier votre pièce. Et n'oubliez pas : pour circuler sans difficulté entre les différents éléments, il faut prévoir un passage de 0,80 m de large au minimum.

Si vous annexez une partie d'une pièce de la maison et souhaitez isoler votre coin couture, des étagères, une bibliothèque, un paravent, un rideau ou des panneaux japonais constitueront des cloisons à la fois fonctionnelles et esthétiques.

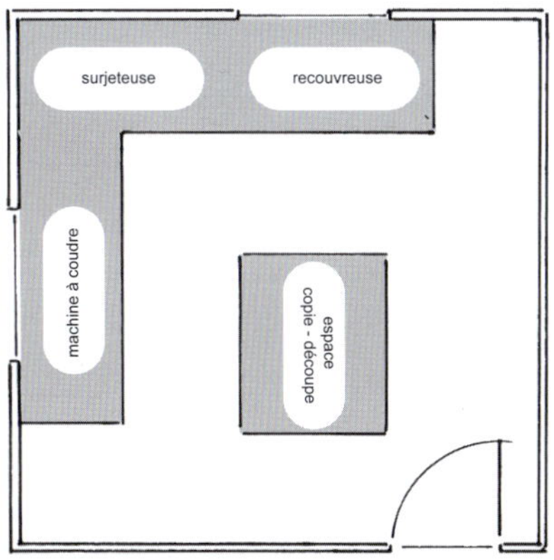

Cet exemple combine un agencement en L et un îlot central : les postes de travail sont multipliés. Il faut simplement veiller à ce que la circulation entre les meubles soit aisée.

Les rangements et l'espace de couture

Au moment de choisir le mobilier de votre coin couture, étudiez en détail les solutions de rangement qu'offre chaque possibilité.

Installés sous la table, tiroirs, placards et étagères permettent d'optimiser l'espace en multipliant les rangements.

Un tiroir de bureau.

Les tréteaux ne sont pas la solution idéale en matière de stockage, mais si vous choisissez un modèle muni d' une tablette vous pourrez y empiler des boîtes : la mercerie sera ainsi à portée de main sous la table de couture.

La table de couture est souvent adossée à un mur, qui peut alors être exploité au maximum : étagères, bibliothèque et placards trouvent place sur cet espace vertical et procurent un espace de rangement considérable. Veillez toutefois à ce que les éléments restent à portée de main ; si vous devez aller chercher un escabeau pour atteindre la dernière étagère, mettez-y des fournitures dont vous ne vous servez que rarement.

Les accessoires de la table de couture

Le matériel de vos machines (machine à coudre, surjeteuse, brodeuse) doit être rangé à proximité de celles-ci : c'est bien plus pratique, et ainsi vous vous en servirez plus souvent.

Une série d'étagères bien remplies au-dessus de la table de couture, ou comment allier stockage et décoration.

Bobines de fil et canettes seront stockées près de la machine à coudre, les cônes près de la surjeteuse, les fils à broder et les entoilages de broderie près de la brodeuse. De même, les accessoires – pieds presseurs, cadres de brodeuse – prendront place près de leurs machines respectives. Tous les petits outils qui vous facilitent la vie, comme le coupe-fil ou le découd-vite, ou encore une petite poubelle de table, doivent être posés sur la table de couture, fidèles au poste : à défaut, vous passerez votre temps à les chercher à droite ou à gauche.

Un rangement global roulant, spécialement conçu à cet effet, permet à celles qui n'ont pas de coin couture et réquisitionnent de temps à autre la table commune, de remiser dans un placard machine à coudre, surjeteuse et tout le matériel de couture. Très utile, ce type de valise se trouve chez les marchands de machines à coudre, les grandes merceries et les magasins de loisirs créatifs.

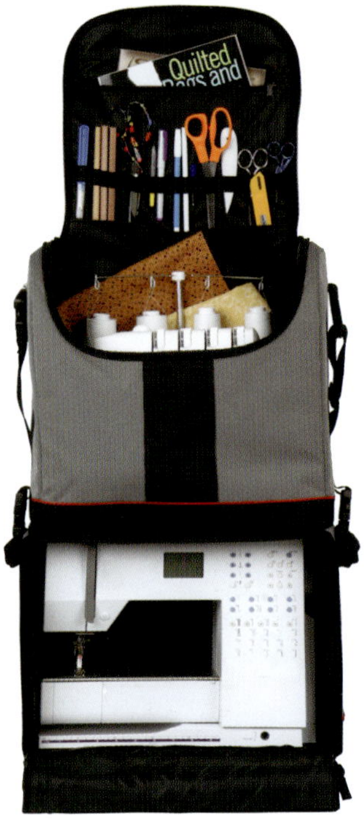

Ce sac à roulettes permet de ranger tout son matériel (machine à coudre et surjeteuse comprises).

Dans le tiroir de la table de couture...

Votre machine à coudre est installée : passons maintenant à la fonction copie des patrons et découpe du tissu.

Le poste copie et découpe du coin couture

Avoir un lieu réservé aux travaux de copie, de réalisation des patrons et de découpe des tissus est un plus. Confortable et ergonomique, il permet de gagner en efficacité et de travailler avec plus de plaisir encore.

Une table de découpe en acier.

Copie du patron et report sur le tissu.

Découpe des pièces de tissu.

Préparation de l' assemblage des pièces de tissu. Effectuer cette opération debout est très confortable.

De quoi s'agit-il ?

C'est le plus souvent une table réservée au dessin des patrons et à leur copie. C'est aussi sur cette table que vous reporterez votre patron sur le tissu et que vous en découperez les différentes pièces. Et c'est là aussi que vous épinglerez les pièces de tissu entre elles, et les faufilerez avant de les coudre.

Quand les mètres carrés sont comptés, dessin, report, coupe et assemblage des éléments sont regroupés dans un même espace. Vous pouvez même décider d'y repasser (voir page 81). Si, au contraire, plusieurs tables peuvent être disposées, chacune aura sa propre fonction : l'une pour la copie, une autre pour la découpe, etc. Certes, il est très agréable de pouvoir passer d'un espace à un autre, d'une étape à une autre sans avoir à tout débarrasser... Mais bien souvent, c'est déjà un luxe d'avoir un emplacement réservé à la préparation du patron et des tissus, en plus de la table de couture.

Les dimensions

Choisissez une table un peu haute pour ces tâches qui nécessitent d'être debout. Pour ajuster sa hauteur à votre corps, mesurez-vous : mettez-vous debout et avec l'aide d'une tierce personne, mesurez la distance entre votre coude et le sol. Pour connaître la bonne hauteur, retirez 5 à 10 cm à cette distance.

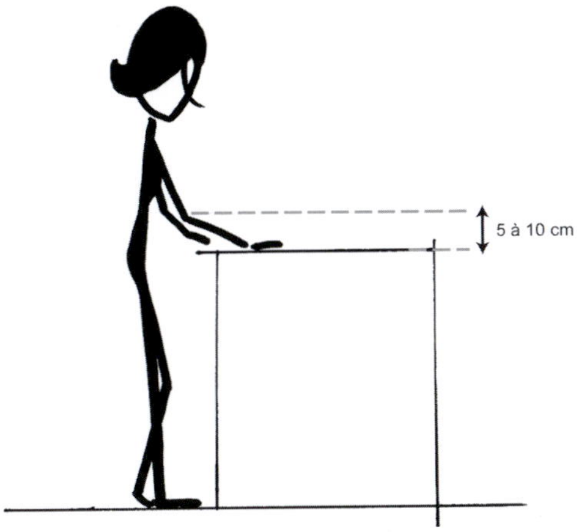

Pour une femme de taille moyenne, ayant une distance coude/sol d'environ 100 cm, le plateau de la table sera à une hauteur de 90 à 95 cm du sol.

Côté dimensions, les tables de découpe les plus usuelles mesurent 70 à 80 cm de large sur 1,20 à 1,40 m de long. C'est un bon compromis car la table est ainsi suffisamment large pour que l'on puisse y plier en deux une laize de tissu, et assez compacte pour être installée dans une pièce de petites dimensions. Si vous avez de la place, vous préférerez sans doute une table beaucoup plus grande, mais attention : si la table est trop profonde et collée au mur, vous aurez du mal à en exploiter toute la superficie, à moins d'avoir recours à un marchepied.

Accoler deux tables identiques mais pas trop profondes permet de composer un grand espace de travail.

Inspirez-vous des îlots de cuisine et n'hésitez pas à les détourner : leur hauteur est idéale pour travailler debout.

Les matériaux

Côté matières, tout est possible. Les tables en métal sont pleines de ressources : on peut y placer des aimants pour maintenir les patrons à relever. Attention à l'acier brut qui peut s'oxyder et laisser des traces de rouille sur les tissus. Vernissez-le ou préférez-lui des finitions inox ou acier zingué, qui elles ne bougent plus. Le bois constitue un matériau très intéressant et durable ; pensez à le vernir ou à l'huiler pour le protéger des marques de feutre. Choisissez un bois assez dur pour parer à l'inconvénient des petits trous que peuvent causer vos ciseaux dans un bois trop tendre.

Enfin, économiques et faciles à se procurer, les bois composites se plieront à toutes vos envies. Si vous découpez vos tissus au cutter rotatif, couvrez la table d'un tapis de découpe; si vous ne souhaitez pas laisser celui-ci à demeure, suspendez-le sur le côté de la table.

Un cintre à pantalon maintient le tapis de découpe à la verticale le long des pieds de la table.

Si votre espace est restreint, pensez également au bureau informatique et faites-en un espace 2 en 1 : installez votre machine à coudre sur le plateau et organisez votre espace de découpe sur le tiroir coulissant, normalement destiné à recevoir le clavier de l'ordinateur.

Un espace de découpe escamotable.

Une lampe de bureau équipée d' une ampoule «lumière du jour» éclaire la table de découpe pour travailler en soirée.

Sous la table de découpe, un panier pour les petites chutes de tissu à gauche, un autre pour les plus grandes à droite.

Où installer une table de découpe ?

Veillez avant tout à implanter votre table de copie et de découpe à proximité de la table de couture : les allers et retours sont nombreux pendant une séance de couture !

Choisissez un lieu bien éclairé par la lumière naturelle. Si, comme dans le coin couture, vous souhaitez pallier une luminosité insuffisante de la pièce, compléter l'éclairage naturel quand le temps est maussade, ou encore pouvoir travailler en soirée, un éclairage complémentaire sera le bienvenu (voir page 65). Il doit pouvoir éclairer l'ensemble de la zone mais sera plus puissant que celui du coin couture, car il ne dispose pas de l'éclairage ponctuel fourni par les machines.

Adossée à un mur, la table de découpe peut bénéficier de l'espace vertical mitoyen, qui peut être utilisé en rangements ou comme mur d'inspiration. Une table de découpe en îlot est très pratique mais il faut de l'espace pour tourner autour : l'atelier devra donc être plus grand.

Pensez à la circulation autour ou le long de la table de découpe, mais aussi dans l'espace de couture : il faut pouvoir y circuler aisément, sans être gêné par les meubles ou les rangements.

Exploiter ce nouvel espace

Exploitez l'espace au maximum : votre table de découpe peut abriter des rangements en dessous mais aussi au-dessus. Pensez à exploiter le mur en l'habillant de petites étagères peu profondes, qui recevront des boîtes transparentes par exemple.

Installez sous la table de découpe une corbeille qui recueillera toutes les chutes de tissu : au fil des découpes, d'un geste on glisse les chutes dans la corbeille. Placez-y plusieurs boîtes (en fonction de la taille des chutes, par exemple, ou bien en fonction des matières) : le tri se fait ainsi dès la découpe.

Au-dessus de la table de découpe, des étagères accueillent de petites boîtes transparentes.

Alternative au poste de découpe

Si votre coin couture est trop exigu pour accueillir une table réservée à la copie et à la découpe, réquisitionnez pour quelques heures celle de la cuisine ou du séjour. Placez dans une boîte ou un petit panier tout ce dont vous aurez besoin pour décalquer un patron et découper les tissus.

Organiser sa table de séjour

Si vous n'avez qu'une seule table à disposition, partagez sa surface en deux. Un tiers de la table sera réservé à la machine à coudre et à la couture, le reste sera utilisé pour la copie, la découpe et l'assemblage des pièces de tissu.

Ce petit panier fait maison en tissu, inspiré des « tote bags *» américains, contient tout le matériel nécessaire pour relever les patrons et les reporter sur tissu.*

Les autres postes

Votre coin couture peut remplir d'autres fonctions que la couture et la découpe. Bénéficier d'espaces dédiés au repassage et à l'accrochage, avec tout le matériel à disposition, représente un vrai plus. Un coin bureautique peut se révéler appréciable. Enfin, un mur d'inspiration trouvera tout son intérêt au dessus de votre machine à coudre.

Le repassage

Repasser pendant une séance de couture est primordial : l'idéal est d'avoir son fer à repasser à portée de main, à côté de la machine à coudre.

Installez votre table de repassage près de la table de couture et prévoyez un rangement où stocker tous les produits nécessaires : eau déminéralisée, spray d'amidon, jeannette, pattemouille et coussin de tailleur – mais aussi tous les accessoires de couture qui nécessitent l'utilisation d'un fer à repasser, comme les entoilages thermocollants. N'oubliez pas de ranger les appareils à biais à proximité du fer à repasser.

Si l'idée d'avoir constamment une table de repassage ouverte dans votre atelier ne vous enchante guère (il est vrai qu'il y a des meubles plus esthétiques !), imaginez une table escamotable, ou cachez-la dans un placard.

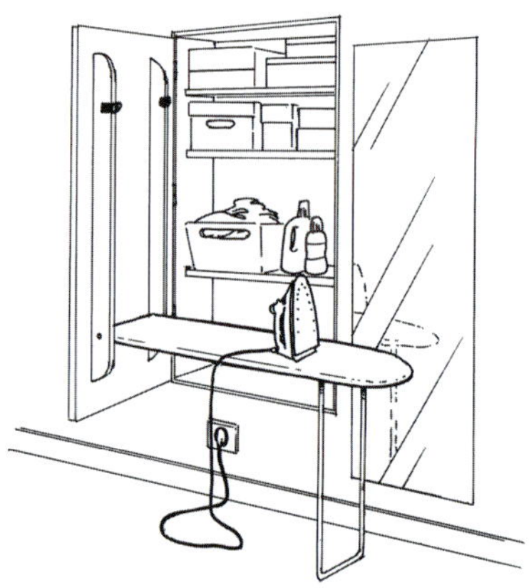

Une table de repassage qui se fait discrète une fois la porte refermée.

Aménager sa table de découpe

C'est la quadrature du cercle : moins on a de place et plus il faut concentrer les espaces de travail, tout en gardant en tête les notions de praticité et d'ergonomie ! Pour aménager votre table de découpe en table à repasser, investissez dans un tapis de découpe résistant à la chaleur (comme les planches 2 en 1 « cut'n'press »), dans une nappe de repassage ou encore dans une petite planche à repasser (à poser sur une table), que vous pourrez suspendre à proximité de la table de découpe.

Confectionnez votre nappe de repassage

Fabriquez votre nappe de repassage à partir d'une toile de coton épaisse et de molleton isolant, ou réalisez une petite planche à repasser en recouvrant un morceau de bois de molleton et d'une toile de coton agrafée au dos.

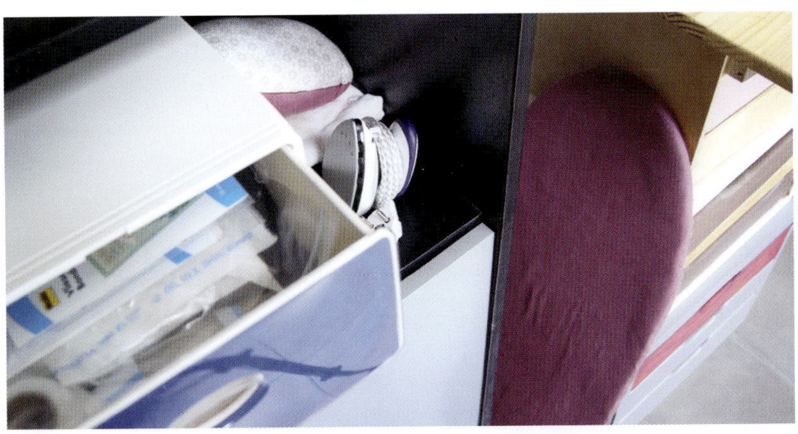

À côté de la table de découpe, une petite planche et un fer à repasser attendent d'être utilisés, tout comme les entoilages dans le tiroir.

Le portant à vêtements : cintres et mannequin

Il est très utile de pouvoir suspendre les morceaux de tissu ou les vêtements que l'on vient de repasser, et il suffit pour cela de très peu de place.

Les cintres

Un cintre pour jupe vous permettra de suspendre un coupon de tissu juste décati afin d'éviter les marques de pliage, ou encore les pièces d'un projet en attente d'être cousu.

Vous pourrez aussi suspendre à un cintre les projets auxquels il ne manque plus que la touche finale, ou encore des vêtements à reprendre. Un portant à vêtements est l'idéal, mais si l'espace manque une barre de penderie de quelques dizaines de centimètres, aménagée entre deux meubles, peut parfaitement faire l'affaire. Enfin, une porte trouvera une seconde utilité si vous y installez une patère.

Chez Brooke, la porte du placard aux tissus devient un portant à vêtements grâce à une simple patère passée par-dessus la porte.

Un sac accroché sur un cintre pour pantalon, en attente d'assemblage.

Le mannequin de couture

C'est un accessoire très utile pour ajuster les vêtements, surtout s'il est réglable. Trouvez-lui une place près de votre table de couture, ou bien dans un endroit où il mettra vos créations en valeur au moment de les prendre en photo.

Magnifique mannequin de couture vintage ajustable, à New York.

Mon beau miroir

Si vous n'avez pas la place d'installer un mannequin dans votre coin couture, mettez-y un miroir : il prend peu de place, il agrandit l'espace et vous permettra de vérifier l'ajustement des vêtements sur vous-même, sans avoir à vous déplacer dans une autre pièce. Un miroir en pied est l'idéal car il permet de voir la silhouette d'un seul tenant.

Un miroir vintage incliné devient une psyché insolite.

Le bureau et l'informatique

Certaines couturières aiment conjuguer bureau et atelier. La présence d'un ordinateur dans un atelier est tout à fait justifiée : celles qui tiennent un blog ou travaillent à partir de patrons numériques, celles qui brodent et numérisent leurs motifs apprécient d'avoir près d'elles ce précieux outil. Le photocopieur peut également se révéler utile si vous avez l'habitude d'agrandir ou de réduire patrons et gabarits.

Chez Christelle, l'ordinateur fait partie intégrante de l'atelier.

En fonction des branchements dont vous avez besoin, pensez à rapprocher les machines de l'ordinateur : si votre brodeuse doit être connectée à l'ordinateur, cela déterminera l'emplacement des deux appareils. Un ordinateur portable ou une tablette tactile sont des solutions très flexibles : petits et mobiles, ils s'installent n'importe où, se transportent facilement pour se poser à côté de la machine à coudre, et permettent de suivre un tutoriel trouvé sur Internet, de consulter une notice de matériel...

Cette petite tablette permet de consulter la notice de la machine à coudre.

Murs d'inspiration et pense-bêtes

Facile à intégrer, même dans un petit espace, un panneau d'affichage permet de réunir photos, dessins, croquis et chutes de tissu. À la fois pense-bête et mur d'inspiration, il permet d'occuper un espace vertical.

Panneau en liège piqué de punaises colorées, «*white board*» à crayonner (l'idéal pour faire des listes de «choses à faire» et rayer les lignes au fur et à mesure), tableau magnétique, feuille de vinyle appliquée au mur : le choix est vaste. Un mur peut être recouvert d'une peinture spéciale qui le rendra magnétique ou le transformera en tableau noir sur lequel vous pourrez écrire à la craie. Un simple mur et un rouleau de «*masking tape*» peuvent suffire à créer un mur d'inspiration : vous y scotcherez vos idées, vos dessins, vos notes.

Vous pouvez aussi accrocher au mur toutes les petites choses que vous craignez de perdre (une chute de tissu Liberty, une étiquette...), à l'aide de petites épingles aimantées.

Un mur d'inspiration est un vrai plus dans un coin couture : de la juxtaposition de petits détails hétéroclites jaillit souvent l'idée d'une création à laquelle on n'aurait jamais pensé !

Sur ce tableau blanc magnétique, on peut à la fois écrire et accrocher des projets.

Une toile enduite de peinture magnétique regroupe gabarits, photos et chutes de tissu.

Le stockage des fournitures et du matériel

Tissus, bobines, rubans, boutons... Les fournitures à ranger ne manquent pas, non plus que le matériel de couture ! Pour réunir facilement et rapidement tout ce qui est nécessaire à la réalisation d'un modèle, voici des pistes d'organisation et de rangement pour les tissus, puis pour la mercerie, pour votre matériel de couture et enfin pour vos livres et vos projets.

Organiser et ranger les textiles

Qui n'est jamais tombé sous le charme d'un tissu ? Couleurs, textures et imprimés ont tout pour flatter nos sens. N'avez-vous jamais eu l'impression de trouver le Graal en dénichant un tissu, ou bien que ce tissu vous avait trouvée, vous ? Nos relations avec les tissus sont multiples. On a tendance à tous les conserver, à les accumuler (« ça pourra servir un jour »), et il devient rapidement difficile de s'y retrouver... Comment ranger et entreposer les tissus, base de toutes nos créations, pour les préserver au mieux ?

Les solutions de rangement

Pour stocker en toute sécurité les tissus, différentes options s'offrent à vous. Le grand principe à retenir est de ranger les tissus à l'abri de la lumière du jour, pour éviter que les couleurs ne passent.

Sur rouleau

Cette solution est valable pour les très beaux tissus, les tissus enduits, les toiles cirées et les cuirs, mais également certaines étoffes de laine. La mise sur rouleau empêche les plis et les marbrures.

Sur cintre

Les tissus très délicats seront mis sur cintre ; un morceau de mousse peut même isoler le tissu de la barre du cintre. Les cintres pour pantalons permettent un gain de place intéressant.

Autour de rectangles de carton

Avec cette méthode, très employée dans les magasins, les tissus marquent moins que s'ils sont pliés, et ils sont plus faciles à ranger qu'en rouleaux. Plus le carton est épais, moins le tissu sera marqué.

Dans les organisateurs de penderie

Les organisateurs qui se suspendent à une tringle existent en plusieurs tailles. Les tissus peuvent être roulés avant d'être glissés dans les différents espaces. Si votre aire de stockage est limitée, cette solution vous permettra d'utiliser une partie de votre propre penderie. L'accroche à la barre de penderie doit être solide car les tissus peuvent avoir un poids conséquent.

Dans les tiroirs

Option très pratique, le tiroir d'une commode ou de tout autre meuble permet d'avoir une vue d'ensemble des tissus rangés sur leur tranche. Mais le tiroir peut aussi être une fausse bonne idée : les tissus sont parfois poussés vers le fond et en ressortent froissés… quand ils ne sont pas carrément oubliés !

Un tiroir d'une armoire à tissus est organisé grâce à une boîte de rangement dont les compartiments permettent de classer les coupons par couleur; les fils assortis sont stockés avec.

Dans un meuble fermé ou muni de rideaux ou de stores

Armoires, placards ou buffets munis de rideaux ou de stores permettent de stocker les tissus à l'abri de la lumière. Ce sont des meubles faciles à trouver ou à recycler, qui offrent un grand espace de rangement pour peu d'emprise au sol. Après l'avoir posé à même la planche, pliez le tissu à la mesure de la profondeur de l'armoire ou de l'étagère, pour obtenir des piles de tissus stables et occuper l'espace au maximum.

Si l'armoire est profonde, investissez dans des boîtes ou des paniers, voire des paniers suspendus : ils vous permettront de rationaliser le volume et de ne plus oublier des tissus stockés au fond de l'armoire, hors d'atteinte. Pensez à choisir la taille de ces rangements de façon à optimiser l'occupation de l'espace.

Aménager une armoire de famille est une excellente solution : les gros coupons sont installés directement sur les étagères entoilées, les coupons plus petits sont regroupés dans des boîtes en carton et des paniers suspendus.

Dans des bacs en plastique transparents

Ils sont très pratiques pour le rangement des textiles : hermétiques, ils préservent les matières des odeurs, des insectes et de la poussière; transparents, ils permettent de distinguer rapidement leur contenu.

Gare au bois !

Attention aux meubles en bois non verni : au contact d'un bois brut ou ciré, les tissus peuvent jaunir ou se tacher. Pour pallier ce désagrément, il suffit de recouvrir étagères et fonds de tiroirs de papier de soie ou de tissu.

Dans des boîtes en carton, en tissu, métal ou bois

À droite, boîtes en carton et en plastique sont munies d' une étiquette en papier, effaçable et réinscriptible.
À gauche, des paniers-tiroirs sont également étiquetés.

Quelle que soit la matière dont elles sont faites, toutes les boîtes peuvent être utilisées, de même que les paniers ou les malles en osier. Une seule obligation : les étiqueter pour identifier plus vite leur contenu.

Ne placez dans des boîtes superposées que les articles que vous n'utilisez que rarement : il n'est guère facile d'attraper la première boîte de la pile sans faire tomber celles qui sont au-dessus... Ne superposez pas plus de trois boîtes : plus la pile grandit, plus il devient périlleux d'attraper la boîte du dessous ! Mieux vaut ajouter des étagères supplémentaires pour y poser de nouvelles boîtes...

Des tiroirs en tissu rigide posés sur des étagères offrent une solution de rangement intéressante. Ils protègent les tissus de la lumière; étiquetés, ils permettent de les classer par matière. Ils sont à réserver aux tissus volumineux et aux grands coupons : les petits morceaux auraient tendance à se froisser et à se mélanger.

Dans des corbeilles en fil coulissantes

Une option à retenir : les corbeilles sont robustes, elles laissent circuler l'air et permettent de voir les tissus à travers le maillage. Ce type d'aménagement est facile à installer car il est à la fois flexible et évolutif. Il trouve sa place dans n'importe quel espace – pourquoi pas sous la table de couture ou de découpe? Il est bien adapté à un classement par couleur. De plus, il est possible de prendre l'une des corbeilles pour l'emporter avec soi jusqu'à la table de découpe.

Plier ses tissus

Pour optimiser leur rangement, pensez à plier vos tissus aux bonnes dimensions : mieux les tissus sont pliés, plus vous pourrez en loger.

Confectionnez-vous des gabarits en carton ou en carton-mousse aux dimensions de vos étagères ou de vos boîtes : ils vous simplifieront la tâche au moment de plier vos tissus et vous permettront d'optimiser l'espace de rangement. Les grandes règles de patchwork peuvent aussi très bien convenir.

Antimite naturel

Contre les insectes qui se régalent des tissus, comme les mites, rien ne vaut les sachets de lavande et l'huile essentielle de cèdre.

Laver et décatir les tissus

Avant de stocker leurs tissus, certaines couturières les lavent (pour faire rétrécir des matières comme le coton ou le lin) ou les décatissent. Que vous choisissiez de le faire ou pas, conservez toujours la même ligne de conduite : cela vous évitera de vous demander si vous avez ou non lavé tel tissu, ou de coudre un tissu que vous pensiez avoir passé au lave-linge et qui se déformera au premier lavage !

Classer les tissus

Selon quels critères classer les tissus pour trouver rapidement celui qui convient ?

Voici plusieurs propositions, qui peuvent bien sûr être combinées. Par exemple, un classement par matière peut être à son tour subdivisé par couleur.

Par usage

Les tissus réservés à la confection de vêtements sont rangés ensemble, les cotons à patchwork à part et les tissus d'ameublement ailleurs encore.

Par matière

Il s'agit de regrouper les tissus selon leur composition et leur tissage. Les cotonnades sont ainsi différenciées des velours, les jerseys des batistes, les tweeds des laines polaires, etc.

Classement par matière et par couleur.

Par couleur ou par imprimé

Esthétique, cette organisation convient très bien aux cotons utilisés pour des patchworks, par exemple. Pois, carreaux, motifs Liberty ou floraux peuvent être regroupés.

Classement par type d' imprimé.

Classement par couleur.

Par saison

Tissus d'été, d'hiver, de demi-saison... Il peut arriver que les couleurs ou les imprimés de deux tissus s'harmonisent : malheureusement, si l'un est un voile de coton et l'autre un tissu polaire épais, il sera difficile de les mettre en œuvre sur un même projet!

Par thème

Les tissus peuvent être regroupés en fonction de ce qu'évoquent leurs imprimés : Noël, le bord de mer, les animaux... Ce classement peut être utile pour les tissus multicolores difficiles à ranger par couleur.

Par rythme d'utilisation ou valeur marchande

Les tissus que l'on préfère, les tissus utilisés souvent, ceux que l'on sort rarement mais dont on peut avoir besoin... Les coupons peuvent aussi être classés en fonction de leur valeur : les tissus bon marché d'un côté, les onéreux de l'autre.

Ménage de printemps

Que faire des tissus dont on n'a plus envie, ou plus besoin ? Les donner, les vendre ou… les troquer !
Il est judicieux de trier ses tissus et de faire le point une ou deux fois par an : certains, que l'on avait complètement oubliés, sortent du purgatoire, et d'autres sont éliminés impitoyablement.

Les chutes de tissu

Une corbeille regroupant un assortiment de coupons «fat quarter».

Faut-il garder les chutes de tissu ? Certaines personnes seront soulagées de jeter ou de donner ces restes, d'autres préféreront les conserver pour réaliser un patchwork ou des appliqués... Les morceaux qui ont moins de 3 cm de côté restent cependant difficilement exploitables.

Certaines couturières gardent tous les restes de tissu pour s'en servir de rembourrage. Si vous choisissez cette option, pensez à les ranger dans une boîte dûment étiquetée pour éviter de perdre du temps à la rechercher le moment venu.

Pour les chutes destinées aux patchworks et aux appliqués, un classement par couleur est sans doute le choix le plus judicieux : il est alors plus facile de retrouver une pièce de cotonnade verte pour faire un arbre de Noël, par exemple.

Les boîtes sont particulièrement bien adaptées au rangement de ces pièces, qui sont souvent de petite taille. En ouvrant la boîte, on a une vue d'ensemble des différents coloris et imprimés qu'elle contient, ce qui permet de trouver facilement et rapidement ce dont on a besoin.

Recoupez vos chutes

Pour gagner du temps coupez-les tout de suite à une taille prédéfinie et souvent utilisée : par exemple en carrés de 12,5 cm de côté (le « *5" charm square* » des patchworkeuses) ou en rectangles de 45 x 55 cm (« *fat quarters* »).

L'astuce des pochettes transparentes

Les classeurs à pochettes transparentes sont l'idéal pour conserver et classer les petites pièces de tissu. La transparence des pochettes facilite la recherche, et elles maintiennent les tissus à plat : ils sont ainsi prêts à être utilisés, sans qu'il soit nécessaire de les repasser à nouveau.

Garder ou jeter ?

Vous hésitez à garder un reste de tissu ? Pensez à la valeur qu'il a pour vous : vous fait-il penser à votre petite dernière encore bébé ? Ou au contraire à ce projet qui vous a mis les nerfs en pelote et dont vous n'avez que de mauvais souvenirs ? Vous l'aurez compris : privilégiez ce qui vous fait du bien et vous donne envie de créer !

Le cahier de tissus et ses variantes

Qui n'a jamais acheté un coupon en se disant qu'il s'harmonisera parfaitement avec tel autre, pour se rendre compte de retour à la maison que jamais ces deux tissus n'iront ensemble ? Qui n'a jamais acheté deux bons mètres d'un jersey de coton pour se rendre compte qu'il y en avait déjà dans une armoire 1,50 m d'un coloris presque identique ?

Pour éviter ces désagréments, une seule solution : le cahier de tissus ou ses équivalents. Le principe est simple : il s'agit de lister dans un carnet, un cahier ou un classeur, tous les tissus que l'on possède. Chaque tissu doit être accompagné d'informations comme le métrage ou la composition – et pourquoi pas le lieu d'achat –, et surtout d'un échantillon. Choisissez un cahier de petites dimensions si vous souhaitez pouvoir l'emporter avec vous.

Un peu fastidieux à remplir si vous avez déjà un très gros stock de tissus, votre cahier se complétera plus facilement au fur et à mesure de vos achats.

Un format porte-clés est intéressant, car plus facile à transporter. Si les tissus sont rangés dans des boîtes, vous pouvez utiliser ces petites fiches amovibles pour les étiqueter. Vous détacherez les étiquettes dont vous aurez besoin et les emporterez avec vous pour choisir des tissus assortis en magasin.

Si vous souhaitez pouvoir faire un inventaire rapide de vos tissus, sans forcément vous embarquer dans un cahier de tissus, épinglez simplement sur le coupon un morceau de papier sur lequel vous aurez porté quelques informations essentielles (type de tissu, métrage, entretien...).

La mercerie

Comme pour les tissus, les fournitures que l'on ne voit pas s'oublient... Si vous avez accès facilement à toutes vos fournitures, vous serez plus créative et les utiliserez plus souvent. Voici différentes propositions de rangements pour vos bobines de fil, vos biais et rubans, mais également vos boutons et les autres systèmes de fermeture, sans oublier les fameux entoilages, que nous utilisons de plus en plus régulièrement. Certaines vous conviendront mieux que d'autres, essayez-les et faites-les vôtres.

Les fils

Certaines couturières éprouvent le besoin irrésistible de collectionner les bobines de fil. Mais même si l'on est épargné par cette pulsion, toutes sortes de fils, sur de multiples supports, doivent trouver place dans le coin couture ! Bien les organiser permet de penser à les utiliser au moment opportun.

Les critères de classement

Un classement par type est sans doute le choix le plus judicieux : d'un côté les fils classiques à coudre, ailleurs les fils à surpiqûre, ailleurs encore les fils à broder, etc. On peut également les classer par taille de bobine (bobine, mini-king, cône, voire cartes de fils), par couleur, par type de fil (coton, polyester, rayonne, métallique...), et combiner les critères.

Certaines choisissent de classer les fils par couleur, selon une gamme chromatique (comme un arc-en-ciel) ou par valeur (des coloris les plus clairs aux plus foncés), ou encore selon leur intensité (des fils les plus brillants aux fils les plus mats). Le but de ce type de classement est de faciliter les associations de couleurs et de matières.

Les solutions de rangement

Une solution très esthétique est celle du **porte-bobines, ou porte-cônes.** Comme sur les présentoirs des magasins, les bobines de fil sont joliment alignées. Il en existe de toutes tailles, à fixer au mur ou à poser. Ils sont faciles à utiliser, et on embrasse tous les coloris d'un seul coup d'œil. Prévoyez de l'installer près de la table de couture mais à l'abri des rayons du soleil, pour préserver les couleurs. Si vous avez suffisamment d'espace, installez-en un pour chaque type de fil.

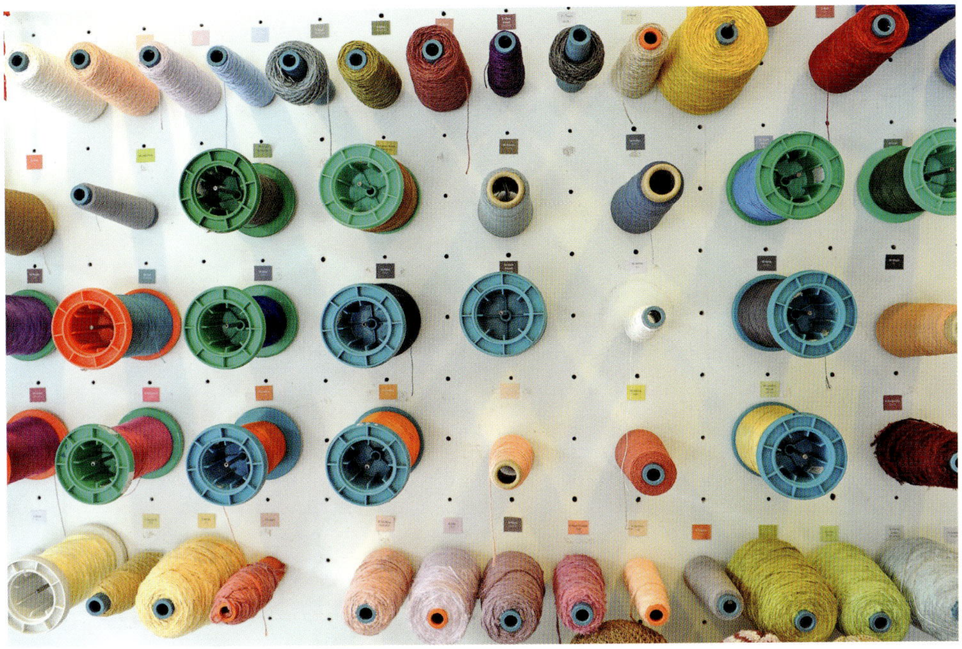

Notez qu'un tableau perforé et des tiges de métal suffisent à réaliser un portant pour bobines de fil.

Il existe des **boîtes** et des **supports spécialement conçus** pour le rangement des bobines et des cônes. Posez-les sur une étagère dans un placard, ou au fond d'un grand tiroir.

Les **tiroirs de faible hauteur** sont une solution ingénieuse pour ordonner ses fils. Comme les boîtes munies d'un couvercle, ils ont l'avantage de les préserver de la poussière, et sont particulièrement recommandés pour les fils peu utilisés.

Enfin, de nombreux **contenants détournés** (boîtes en métal ou en carton, grands pots à confiture, bonbonnes) peuvent accueillir bobines ou écheveaux.

Un « serviteur muet » métallique permet de regrouper bobines de fil et cônes ; un cache-pot en faïence de rassembler des écheveaux de laine Colbert.

D'autres idées pour installer vos bobines dans votre atelier : des étagères pour miniatures, des tiroirs d'imprimerie accrochés verticalement.

Astuce simple et efficace

Certaines bobines n'ont pas d'encoche ni de système pour coincer le fil une fois la bobine entamée : utilisez alors un morceau d'adhésif ou une gommette pour éviter que le fil se déroule ou s'emmêle.

Certaines couturières aiment avoir une bobine de fil et la canette correspondante : si c'est votre cas, maintenez-les ensemble au moyen d'une cordelette, d'un fil chenille ou d'un scoubidou.

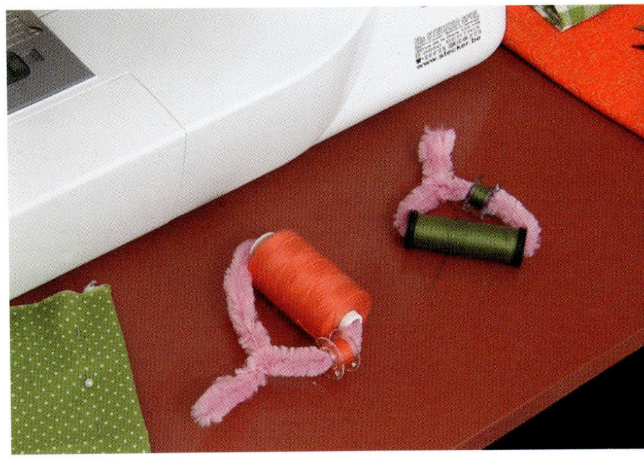

Boîtes et cartes de fils à broder

Conservez les boîtes des fils à broder à la main en coffret. Confectionnez de petits cartons pour embobiner laines Colbert, cotons perlés et moulinés une fois l'écheveau défait, ou chinez d'anciennes cartes et organiseurs dans les puces de couturières.

Les cartes de fil prendront place dans des boîtes et des tiroirs, ou mieux encore dans des rangements spécialement conçus pour elles. Enfin, un organiseur de tiroirs est une solution intéressante pour trier et ranger les restes de fils à broder.

La passementerie

Pour ordonner la passementerie, rien de mieux qu'un classement par usage : mettez les biais d'un côté et les rubans de l'autre. Mais pensez aussi à regrouper les biais et les passepoils assortis, car ils sont souvent utilisés ensemble.

Plusieurs solutions de rangement sont très efficaces : le principal est d'éviter que tout s'emmêle !

Dévidoirs et cintres

Installez un dévidoir au-dessus de la table de couture ou de découpe : vous y glisserez les bobines de rubans, les biais, etc. Un cintre porte-pantalons fixé au revers d'une porte de placard donne aussi un accès facile aux rubans, tout en les préservant des rayons du soleil et de la poussière.

Un cintre porte-foulards est une excellente solution pour les rubans, les galons, etc., achetés en petits métrages : un petit morceau de feutre collé sur le bois les empêchera de glisser.

Les boîtes

Les boîtes sont la solution de rangement idéale, qu'elles soient achetées spécialement ou recyclées : boîtes à chaussures, boîtes de thé, de bonbons... Quelles que soient leur taille, leur forme ou leur matière, elles trouvent toujours une utilité dans le coin couture. Si leur aspect extérieur le nécessite, repeignez-les ou recouvrez-les de papier ou de vinyle.

Les boîtes à encoches sont pratiques : les rubans sont à l'abri du soleil et de la poussière tout en étant facilement accessibles – il suffit de tirer et de couper la longueur nécessaire.

Les petites commodes à tiroirs multiples sont des alliées précieuses : leurs faibles dimensions permettent de ranger toutes les petites choses dont on se sert quotidiennement.

Les rangements improvisés

Pour changer des boîtes, pensez aux bocaux : décoratifs, ils préserveront de la poussière les rubans, les biais, etc.

Une autre idée : coincer les bobines de ruban entre les montants d'une étagère.

Une simple petite cagette récupérée peut aussi vous permettre de rassembler tous les rubans, quelle que soit leur présentation.

Un porte-tasses détourné de sa fonction première pourra lui recevoir des bobines enroulées de biais.

Les astuces qui vous facilitent la vie

Pensez à utiliser de petits sachets de plastique, qui évitent que les fils s'emmêlent tout en laissant voir couleurs et motifs.

Comme pour les tissus, notez le métrage sur une étiquette accrochée au ruban que vous venez d'acheter : vous gagnerez du temps quand il vous faudra chercher la bonne longueur pour un projet.

Espace vertical

Pensez à utiliser les murs pour gagner de l'espace de rangement : de petites étagères ou des tableaux magnétiques permettront de stocker verticalement de petites choses, qui laisseront de la place à d'autres, plus difficiles à fixer au mur. Utilisez aussi le côté des boîtes et des meubles, ou leurs propriétés : un cache-pot métallique peut recevoir des épingles à linge aimantées, qui permettront de collecter de petites chutes de tissu.

Enfin, vous pouvez réaliser vous-même des cartonnettes pour enrouler rubans, biais et autres passementeries : carton, papier plastifié ou carton-plume, de nombreuses matières s'y prêtent.

Les boîtes en plastique compartimentées – la taille des compartiments est parfois réglable – sont parfaites pour accueillir ces cartonnettes de rubans.

Boutons, attaches, fermetures, etc.

Vous souvenez-vous de la grande boîte en fer-blanc pleine de boutons dans laquelle vous aimiez plonger la main? Et... vous souvenez-vous du temps qu'il fallait pour trouver deux, trois ou quatre boutons identiques pour finir tel chemisier? Conservez la grande boîte en fer-blanc comme « madeleine de Proust », et choisissez d'autres façons de ranger vos boutons, pour trouver vite et facilement les bons!

On peut classer les boutons par matière (nacre, bois, plastique, métal), par taille puis par couleur – et pourquoi pas par nombre de trous.

Les contenants : esprit récup!

Côté contenants, faites votre choix entre ceux qui montrent les boutons et ceux qui les conservent à l'abri des regards. Si vous choisissez la transparence, des flacons, des bonbonnes de verre, de petits pots de nourriture pour bébés ou de confiture permettront de les ranger de très jolie façon.

Toutes les petites boîtes seront vos alliées pour stocker boutons et autres attaches : en carton, en bois, en métal, en plastique... Vous pouvez récupérer et détourner nombre de contenants de la vie quotidienne.

Une boîte à bijoux peut ainsi trouver une nouvelle vie.

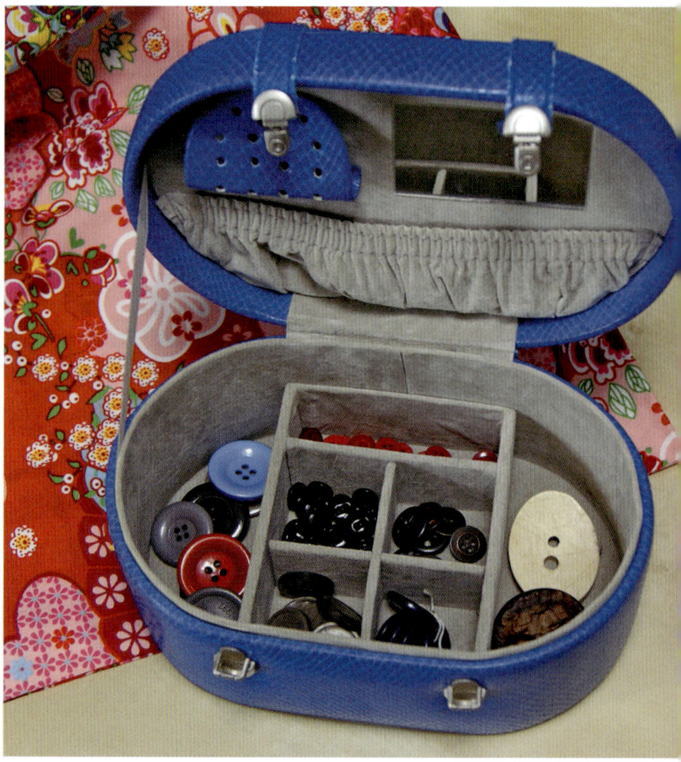

Chinez les tiroirs d'imprimerie, le mobilier de dentiste en bois ou en métal : leurs rangements compartimentés sont parfaitement adaptés aux boutons et autres menus accessoires de couture.

De petits casiers regrouperont les fermetures Éclair par taille. La longueur sera indiquée sur chaque casier : il ne sera donc pas nécessaire de les remesurer avant utilisation.

Les dentelles

Un soin particulier devra être apporté aux dentelles, surtout si elles sont anciennes. Une fois lavées et séchées à plat, elles peuvent être roulées dans du papier de soie et conservées à l'abri de la lumière dans les tiroirs d'une commode ou, pourquoi pas, dans une valise ancienne.

Les entoilages

Ces aides à la couture sont désormais indispensables. Les stocker n'est pas toujours évident car il existe de nombreux produits différents. Certains sont vendus en rouleau : ils peuvent prendre place sur un distributeur de papier aluminium, par exemple. Les produits à grande laize peuvent être enroulés sur des tubes de carton, comme dans les magasins de tissus.

Thermocollants et solubles à l'eau seront eux stockés à l'abri de l'air et de la lumière, pour éviter que les produits ne se détériorent; des pochettes en plastique – type sacs de congélation – conviennent très bien, d'autant que certains produits sont vendus en petit conditionnement. Les entoilages thermocollants peuvent être rangés à proximité du fer à repasser.

Pour gagner du temps

Veillez à connaître le nom exact et les caractéristiques de chacun des entoilages que vous avez à votre disposition : ainsi, vous ne perdrez pas de temps à rechercher les caractéristiques du produit sur Internet. Les pochettes de plastique peuvent être annotées directement au feutre indélébile ou des notes être directement épinglées sur l'entoilage, car il est souvent difficile de reconnaître les produits, qui se ressemblent beaucoup.

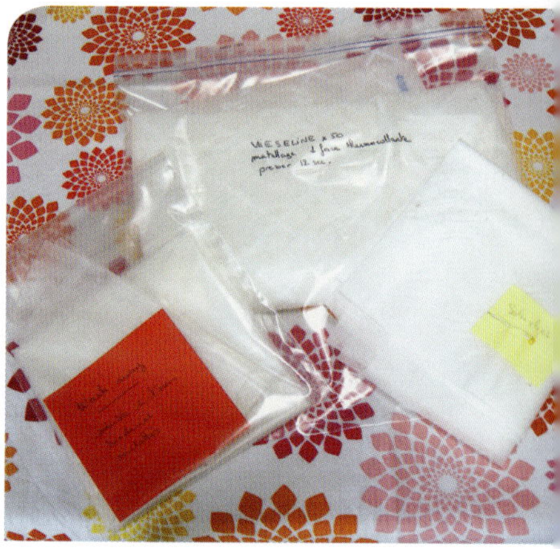

Les molletons utilisés en patchwork ou pour réaliser des vêtements chauds sont volumineux. Conservez-les enroulés sur eux-mêmes, enveloppés dans un sac en plastique ou dans un carton, à l'abri de la poussière.

Les outils de couture

Les travaux d'aiguille nécessitent de nombreux outils. Certains doivent être toujours à portée de main, d'autres sont utilisés moins fréquemment ; certains prennent place sur la table de découpe, d'autres à proximité de la machine à coudre. Organiser le rangement de cette multitude de petits articles n'est pas toujours aisé : heureusement des solutions pratiques et esthétiques existent, pour ne pas être continuellement à la recherche de ses ciseaux ou de son découd-vite !

Le matériel de découpe

Différents systèmes de rangement permettent d'organiser les outils : un panneau perforé installé au mur est une solution pratique et peu onéreuse, qui libère de la place sur le plan de travail.

Autre solution très satisfaisante, empruntée à l'aménagement des cuisines : les barres et les rails magnétiques auxquels sont suspendus crochets et paniers. Les systèmes de suspension permettent de ranger beaucoup de choses et peuvent être installés derrière la machine à coudre.

Certaines préfèrent poser sur la table des récipients où sont rangés ciseaux, cutters, règles, etc. : pots à confiture, cache-pots, paniers, la gamme est vaste, et le choix affaire de goût!

Étui pour ciseau à broder.

Un bloc pour couteaux pourra fort bien accueillir vos ciseaux, mais le tiroir reste un grand classique. Si le fond est glissant, pensez à le tapisser d'un feutre ou d'un tapis en silicone pour éviter que les outils de découpe ne glissent et ne s'abîment à chaque fois que le tiroir s'ouvre.

Vous pouvez aussi confectionner ou acheter des étuis pour protéger les lames de vos ciseaux.

Certaines couturières préfèrent laisser leur tapis de découpe à demeure sur la table de découpe. Si ce n'est pas votre cas, vous pouvez aménager un casier (vertical ou horizontal) aux dimensions du tapis, sous la table de découpe. Vous pouvez également l'accrocher au moyen d'un cintre à jupe à côté de la table (voir page 76).

Les règles et perroquets de couture peuvent être suspendus à des crochets ou rangés dans de grands tiroirs.

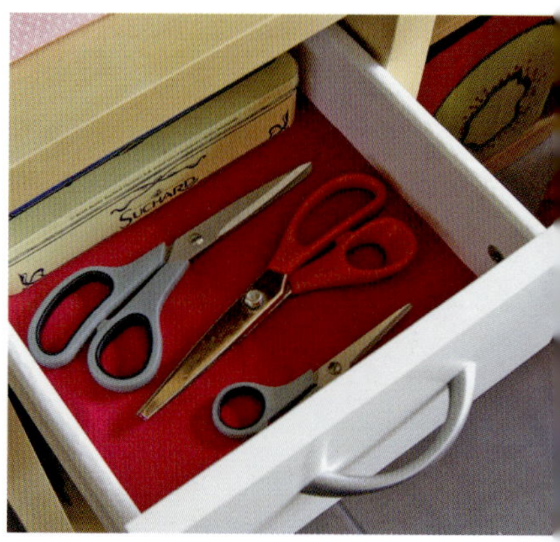

Tiroir tapissé d'un feutre.

Le matériel de couture

Ranger les canettes

Les machines à coudre comportent parfois de nombreux petits casiers de rangement, qui permettent de conserver toujours au même endroit canettes et pieds-de-biche. Mais certains modèles de machines n'en ont pas assez, voire aucun...

De nombreuses boîtes sont conçues spécifiquement pour le rangement des canettes, mais un bac à glaçons fera parfaitement l'affaire !

Certaines couturières les rangent sur le porte-bobines avec la bobine correspondante.

Ranger les accessoires de machine

Les pieds presseurs et autres accessoires peuvent être stockés dans de petites boîtes transparentes, ou encore dans de petits meubles à tiroirs étiquetés.

Pensez à conserver, avec les accessoires, leur mode d'emploi et leurs références – dans un petit sachet plastique, par exemple. Le summum de l'organisation : scanner les notices des différents accessoires et les conserver sur l'ordinateur, car les feuilles volantes ont une fâcheuse tendance à s'égarer !

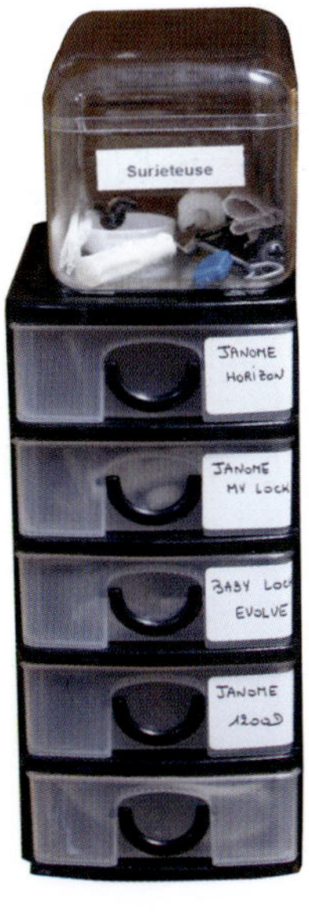

Si vous avez plusieurs machines, il vous sera très utile de classer les accessoires par machine, en indiquant les références et la marque de la machine. Les tables d'extension sont l'accessoire le plus encombrant de la machine à coudre, de la brodeuse et de la surjeteuse. Elles sont difficiles à ranger, et les laisser sur les machines est parfois la meilleure solution. Pour un stockage à l'abri des chocs et de la poussière, utilisez un carton étiqueté de la taille de la table d'extension.

Les cadres de broderie des machines à broder peuvent être suspendus à proximité de la machine s'ils sont souvent utilisés ; un tiroir assez large peut également les accueillir.

Ranger aiguilles et épingles

Aiguilles et épingles sont indispensables en couture : faites votre choix parmi la multitude de coussins à épingles qui existent, ou réalisez le vôtre.

Peut-être préférerez-vous son homologue magnétique, facile à confectionner avec un aimant et une petite boîte en plastique?

Les boîtes transparentes sont très pratiques pour classer épingles de sûreté, épingles de nourrice, épingles à tête plate, etc. Pour les aiguilles de machine à coudre, n'hésitez pas à conserver et réutiliser les boîtes d'origine : la taille et l'utilisation y sont indiquées, et à condition de toujours remettre l'aiguille dans sa boîte, c'est de loin la meilleure façon de les ranger.

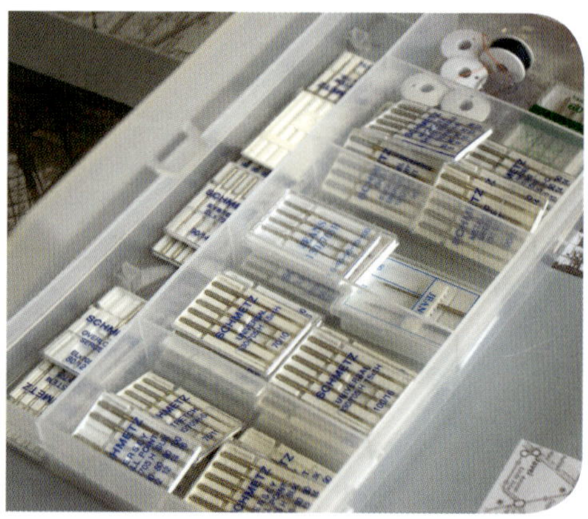

Mais d'où sort cette aiguille ?

On oublie parfois où l'on a pris l'aiguille que l'on vient d'utiliser : pour parer à ce désagrément, remplacez-la, au moment où vous la sortez de sa boîte, par un « fantôme » : une épingle à tête ronde colorée. Ainsi vous saurez, quelques heures ou quelques jours plus tard, où ranger votre aiguille.

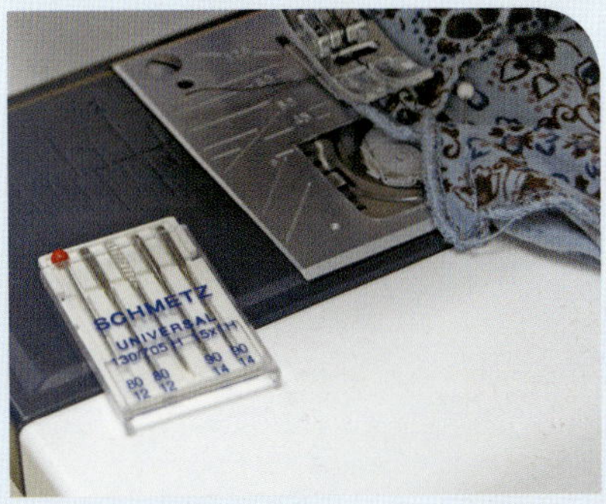

Vous pouvez aussi réaliser un petit coussin d'aiguilles qui permet de les différencier par taille et par type d'utilisation, comme l'exemple ci-contre, qui fonctionne comme un tableau. Les colonnes donnent la taille des aiguilles : première colonne pour la taille 70, deuxième colonne pour la taille 80, etc. Les lignes horizontales donnent l'utilisation, signalée par une lettre : N pour les aiguilles normales, J pour les aiguilles à jeans, B pour les aiguilles à broder...

Utiliser les espaces de rangement des machines

Vous pouvez compartimenter le tiroir de votre table de couture en y installant un range-couverts, des boîtes-compartiments en carton, ou en juxtaposant de petites boîtes en plastique.

Les travailleuses, munies de multiples espaces de rangement, sont des alliées précieuses : faciles à déplacer, elles vous suivront si vous avez besoin de changer de pièce entre la découpe et la couture, ou si votre coin couture est installé sur la table du séjour. Elles permettent de concentrer tout son matériel en le gardant bien rangé.

Les outils miniatures

Si votre coin couture est petit, laissez-vous tenter par les outils miniatures, très performants malgré leur taille réduite : mini fer à repasser, petit tapis de découpe 2 en 1, mini planche à repasser, etc.

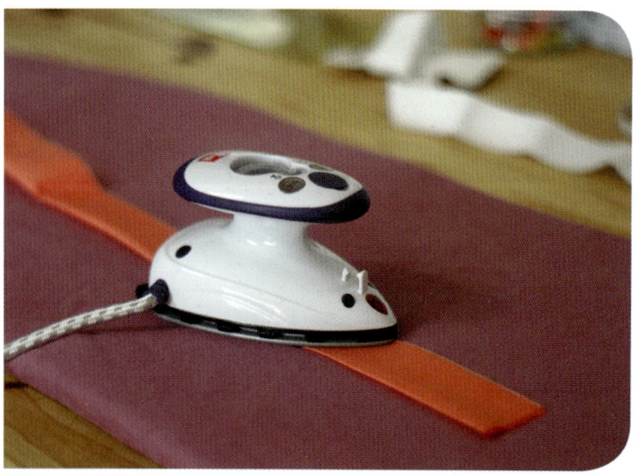

Ce mini fer à repasser vapeur n'a rien à envier aux grands !

Ranger !

Avoir des solutions de rangement, c'est bien ; s'y tenir, c'est mieux. Pour maintenir votre coin couture ordonné, remettez immédiatement à sa place tout ce que vous venez d'utiliser. Vous pouvez aussi, une fois par semaine, faire une « opération rangement et remise en ordre » de l'atelier. Mais si vous perdez le rythme, vous ne vous y retrouverez plus !

Patrons, magazines et livres de couture, projets en cours

Indispensables à tout projet créatif, souvent collectionnés par les passionnées, patrons, livres et magazines ont leur place dans l'atelier de couture. Les organiser au mieux permet de gagner du temps au moment où vous avez besoin de les utiliser ou tout simplement envie de les feuilleter pour trouver l'inspiration.

Les patrons

Différentes solutions permettent d'organiser et de ranger patrons et copies de patrons. Ces modèles en papier, plus ou moins fragiles, servent à vos nombreux projets de couture. Provenant aussi bien de livres de couture, de magazines ou de pochettes, ils peuvent générer de multiples copies, que certaines choisissent de garder. Comment organiser le stockage des patrons mais aussi de leurs copies ?

Dans des pochettes transparentes

Glissez-y le patron, ses copies et les indications. Ajoutez une note avec vos remarques pour la prochaine fois que vous réaliserez ce modèle.

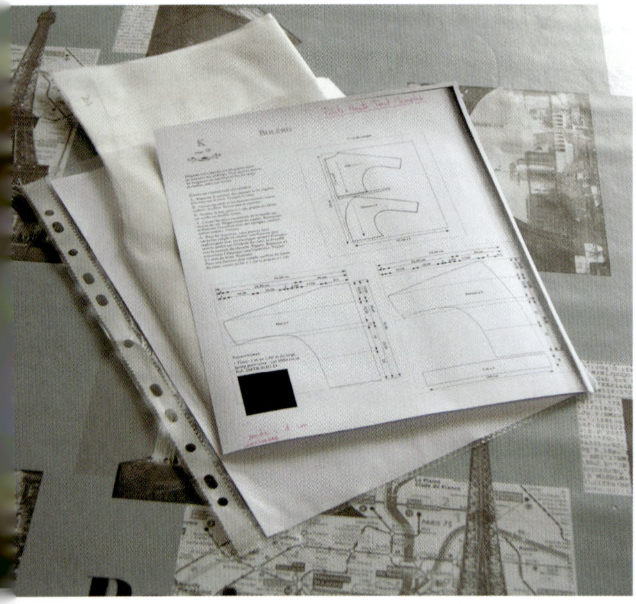

Dans des enveloppes kraft

Vous rassemblerez ces enveloppes dans des porte-revues ou des tiroirs. Comme elles sont opaques, indiquez au marqueur le nom du patron et sa source – mieux encore, mettez une photo des modèles pour les reconnaître au premier coup d'œil. Les enveloppes kraft sont une solution idéale pour regrouper tous les patrons d'un même livre.

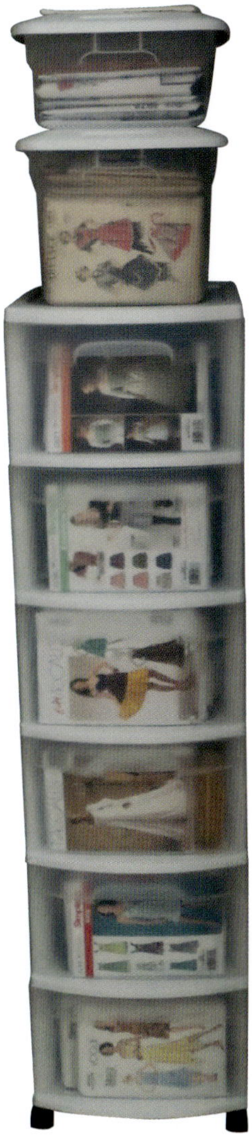

Dans des boîtes en carton ou en plastique

Ces boîtes auront les dimensions exactes des pochettes de patrons. Pensez aussi aux tiroirs munis de séparations réglables, parfaitement adaptés au rangement et au classement des patrons en pochettes.

Une tour de rangement à tiroirs transparents est une alternative intéressante.

Dans des trieurs

C'est une bonne solution pour ranger les patrons : les trieurs sont particulièrement bien adaptés aux pochettes de patrons de taille inhabituelle. Comme les tiroirs trieurs de bureau, les trieurs de documents permettent un rangement clair grâce aux petits repères que comportent les séparations.

Pour classer les patrons et retrouver rapidement celui que vous cherchez, vous pouvez envisager un rangement par :

- modèle : les patrons sont triés en fonction du type de réalisation (hauts, jupes, robes, pantalons…) ;
- genre : les modèles pour homme d'un côté, les modèles pour femmes ailleurs, et ceux pour enfants ailleurs encore ;
- tissu : vous pouvez classer ensemble les patrons réalisables en tissus tissés, et d'un autre côté ceux qui demandent des tissus élastiques ou spécifiques (Nylon, lycra, soie, etc.) ;
- marque : vous pouvez choisir de ranger les patrons en fonction de la maison qui les a créés – Burda, Simplicity, Vogue, Farbenmix…

Les livres et les notices

Les notices des machines

Ils trouveront naturellement leur place sur ou sous la table de couture, pour que vous les ayez à portée de main pendant votre travail, si besoin est. Certaines couturières ne possèdent que les versions numériques de leurs notices : dans ce cas, un ordinateur portable ou une tablette tactile rendent de grands services et prennent peu de place sur la table de couture.

Les livres de couture

Ils permettent de se familiariser avec différentes techniques et sont une source d'inspiration importante. Certaines préfèrent les ranger par ordre alphabétique, suivant le titre ou le nom de l'auteur, d'autres choisissent un classement par thème : manuels de couture, livres sur le patchwork, livres sur le tricot, la broderie, livres de patrons, ouvrages de décoration...

Les livres de patrons

Ceux-ci peuvent être regroupés selon le type de personnes auxquels sont destinés les vêtements (femmes, hommes, enfants) ou selon le type de tissu (Liberty, lin, jersey, etc.).

Tri régulier obligatoire!

Vous vous rendrez vite compte qu'un tri s'impose : nous évoluons dans nos compétences comme dans nos envies! Régulièrement, parcourez vos livres et séparez-vous de ceux qui ne vous intéressent plus.

Une bibliothèque est bien entendu le meuble le plus adapté au rangement des livres. Des étagères fixées au mur au-dessus de la table de couture ou de la table de découpe sont également tout à fait appropriées et permettent d'utiliser l'espace en hauteur. Certaines couturières

préfèrent les boîtes en carton, mais les livres que l'on n'a pas sous les yeux n'ont que peu de chances d'être consultés ! Porte-revues et serre-livres permettent de les poser sur une table ou tout autre meuble qui n'a pas vocation à recevoir des livres.

Les magazines

Vous pouvez choisir de les conserver « entiers » et de les classer par titre, puis par date de publication... Une autre possibilité, moins dévoreuse d'espace, est de ne conserver que les pages qui vous intéressent : il est en effet rare que tout le contenu d'un numéro retienne votre attention. Détachez les pages intéressantes et placez-les dans des pochettes plastifiées que vous pourrez aisément classer par thème dans un classeur ou un trieur.

Organiser les projets en cours

Gérer les projets n'est pas toujours chose facile; certaines personnes ne s'attellent pas à un nouveau projet avant d'avoir terminé celui sur lequel elles travaillent, d'autres en commencent plusieurs qu'elles mènent en parallèle.

Pour gérer plusieurs travaux en cours et s'y retrouver rapidement et facilement, le plus simple est d'utiliser des contenants et d'en dédier un à chaque projet. Vous y mettrez tout ce qui est nécessaire au projet : tissu, fournitures, explications

et patrons, ainsi qu'une note indiquant ce qui manque. Si vous avez mis de côté ce projet parce qu'il manquait 2 m de biais vert pâle, notez-le : vous gagnerez du temps au moment de faire vos achats de fournitures mais aussi quand vous chercherez à savoir ce qui manque pour avancer ce projet, ou bien quel travail vous pouvez effectuer dans l'intervalle.

Ces contenants peuvent être de différentes sortes.

Dans des boîtes

Les boîtes transparentes permettent de voir les différents projets en cours et de trouver au premier coup d'œil celui que l'on cherche. Elles existent en plusieurs tailles, et il est donc facile d'en trouver une qui sera parfaitement adaptée à chaque projet.

Les boîtes en carton conviennent elles aussi. Les fans de patchwork utilisent volontiers des boîtes à pizza (neuves!) pour stocker leurs travaux : peu épaisses, elles sont faciles à superposer et à étiqueter.

Dans des sachets de plastique

Ils sont une alternative intéressante pour les petits projets : ils prennent peu de place, on peut les emporter facilement avec soi, les accrocher ou les ranger dans un tiroir.

Si un projet de vêtement est suffisamment avancé pour qu'il puisse être suspendu, positionnez-le sur un cintre et attachez-y une pochette transparente (un grand sac de congélation, par exemple) avec toutes les pièces de tissu et les éléments de mercerie nécessaires à la poursuite du projet.

Dans des tiroirs

Consacrez chacun des tiroirs d'une commode à l'un de vos différents travaux en cours : il suffit que les dimensions des tiroirs soient adaptées à vos projets.

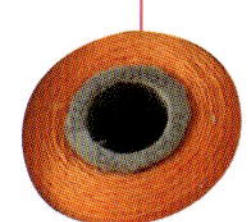

Adresses utiles

Envie de confectionner vous-même des rangements pour votre coin couture ? Voici quelques liens…

Pour des paniers en tissu :
http://www.petitcitron.com/blog/2012/07/un-tiroir-en-tissu/
http://www.makeit-loveit.com/2011/09/fabric-storage-boxes-per-your-request.html

Des piques-épingles :
http://www.heatherbaileydesign.com/HBSquareDeal.pdf
http://mmmcrafts.blogspot.fr/2008/05/make-teacup-pincushion.html
http://icanfindthetime.blogspot.fr/2010/07/sewing-machine-pin-cushion.html

Un organisateur de table :
http://www.sewmamasew.com/store/media/blog/SMSPincushionOrganizer.pdf

Un sac pour ranger tout son matériel de couture :
http://www.emblibrary.com/EL/ELProjects/Simpleproduct_ELP.aspx?productid=PR1164

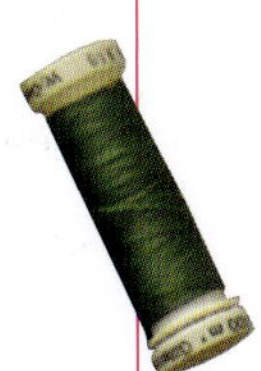

Un petit panier en tissu type « tote bag » (modèle réalisé visible page 78 de ce livre) :
http://christelleben.blogspot.fr/2012/10/petit-panier-de-couture.html

Remerciements

Je remercie chaleureusement celles qui nous ont gentiment ouvert leurs portes : Alexandra, Alice, Brooke, France, Poppie, Stéphanie, Susan, ainsi que ceux qui m'ont aidée au cours de la réalisation de ce livre : Agnès, Amélie, Domohina, Gaëlle et Laurent.

Remerciements tout particuliers pour leur accueil, leur temps passé avec moi et leur contribution aux partenaires de cet ouvrage :

Frédérique CRESTIN-BILLET de la **Maison Sajou**
http://www.sajou.fr/catalog/index.php

Ma Petite Mercerie
http://www.mapetitemercerie.com/

Myriam Déquippe de **Deco Avenue**
http://www.decoavenue.com/catalogue/index.php

et **Artbin**
http://www.artbin.com/

Crédits photographiques

L'auteur,
Alexandra Eveno (pages 14, 15, 16, 17, 18, 19),
Artbin (pages 72, 78, 101, 104, 108, 116),
France Delarbre (page 9),
Stella Rocher (pages 32, 33, 38),
Brooke Wilkerson (pages 54, 55, 56, 57, 58, 59, 77, 82, 92, 119),
Stéphanie Granval (pages 20, 21, 22, 24, 25),
Susan Borgen (pages 48, 49, 50, 51, 52, 53),
Shutterstock (pages 83, 101, 103, 109).

Imprimé en Slovénie par DZS Grafik
N° d'éditeur : 8754
Dépôt légal : octobre 2012

Cet ouvrage est imprimé sur du Condat matt Périgord - FSC 150 g. Ce papier est certifié FSC à partir de forêts gérées durablement.

MIX
Paper from responsible sources
FSC® C110418